一 拙者持之是迄商売所之内、塩浜所持之居屋敷
兼而御願之所、此度御聞届被下、直ニ御取立候様被成下候ニ付
商売御用相勤候ニ付、拙者代々として塩浜御用
其外御用向ニ付、御機嫌御伺御切紙為
被下置候様、御願申上候、以上

十二月

譲主
清五郎 ㊞
親類惣代
伊兵衛 ㊞

御役中様

監修者――五味文彦／佐藤信／高埜利彦／宮地正人／吉田伸之

［カバー表写真］
新撰増補大坂大絵図
（貞享四年）

［カバー裏写真］
四ヶ所札

［扉写真］
悲田院文書
（寛政九年十一月「乍恐口上」）

日本史リブレット 40

都市大坂と非人

Tsukada Takashi
塚田 孝

目次

「都市の時代」と非人

近世社会は、兵農分離をへて百姓身分のみからなる村を生み出したが、他方で各地に城下町を簇生《そうせい》させた。城下町は、中世社会にはぐくまれた多様な都市性を凝縮して創出された。その意味で、近世は一面で「都市の時代」なのであった。

多様な都市性を包摂した城下町は、大名家中に結集する武士身分の城と武家屋敷、寺院社会、足軽屋敷、あるいは都市を都市たらしめる商工業者が居住する町人地などが複雑にからまって構成されていた。近世都市の町人地に普遍的な基礎細胞が「町」であったが、「町」とは町人身分(家持ち)の共同組織であった。都市には、家持ち以外にも多様な職業の借家層や「日用《ひよう》」▲層が形成されていた。

▼日用　江戸をはじめとする都市域に大量に存在した日雇《ひやと》い労働者の階層。自己の労働力を販売して生計をたてることを特徴とする。鳶口《とびくち》・手木《てこ》の者などの土木人足、米舂《こめつき》、駕篭舁《かごかき》、飛脚人足などのほか、武家奉公人、商家の台所方奉公人なども含まれる。

こうした都市の発展は、多数の非人と呼ばれる人々をも生んでいった。大まかに言うと、非人とはさまざまな原因で生活破綻に陥り、乞食＝貧人という境遇にある人々のことである。この問題は、一面では現代のホームレスの問題につながるところがある。しかし、近世の身分制社会としてのあり方や都市の社会構造に規定されて、非人身分という固有の存在形態をとらざるをえなかった。また、平安末期から京都や奈良などの都市を中心として非人と非人宿《ひにんしゅく》が形成されてくるが、これは中世後期にいたって穢《けが》れの清めにかかわる多様な職能の分化の中でさまざまな呼称で呼ばれる諸身分に展開していく▲。近世の非人は、これらの中世の非人と本質的には共通であるが、それ自身の集団化と歴史展開、社会全体のあり方との関係で、その存在形態は大きく異なっていた。

本書では、大坂の非人について具体的に見ていくが、それを通して、近世の身分制の特徴を浮き彫りにしたいと考えている。また、近世の非人は江戸や大坂など「近世という時代」が生み出した巨大都市のあり方と不可分である。それ故、この作業は「都市の時代」でもある近世の特質を示すことになると思う。以下、その際の分析の視点を示しておきたい。

▼**河原者《かわらもの》とえた身分**　私見では、中世後期の職能分化の中で河原者と呼ばれるようになった者たちが近世のえた身分につながると考えている。

第一には、非人集団の成立過程を明らかにすることである。これは都市大坂の成立過程と密接に関連していると考えられる。

第二には、勧進《かんじん》と御用《ごよう》の二つを軸に考察したい。勧進は非人身分にとって江戸や京都にも共通する普遍的な問題であり、一方、町奉行所の盗賊方などの下での警吏《けいり》の御用は大坂の非人に固有の問題であるが、ともに大坂の非人を考える上でカギとなる局面である。

第三には、所有のあり方に注目したい。非人は本来すべての所有から疎外されて生み出されたのであるが、徐々に「家督《かとく》家屋敷」の所有主体となっていくのである。ここに、大坂の非人の存在形態の変容の基本があると言えよう。

第四には、非人集団の周辺、たとえば野非人《のひにん》や諸勧進者への視点を保持するということである。おそらく、警吏の御用の出発点は野非人統制にあったと思われ、また、非人たちは勧進の局面で他の諸勧進者たちと併存していた。すなわち大坂の都市の中で非人を捉える場合、こうした周辺との関係は不可欠なのである。

第五には、都市大坂の中で捉える場合、より重要なのが町人との関係である。

勧進の局面でも、御用の局面でも、町人との関係が問題なのである。

第六には、江戸との比較を念頭におきたい。巨大都市として大坂にも江戸にも共通する側面が当然存在するが、一方で大きな違いもある。ここに大坂固有の問題が浮き彫りになるものと考える。

なお、筆者は現在、大坂の非人の全面的な再検討が必要と考え、それに取り組んでいる。何本かの実証論文も書いているが、いまだ十分ではない。その意味で、本書はこれまでの作業の中間総括であると同時に、今後の研究方向を見定めるための概観という性格を持っている。この点、あらかじめお断りしておきたい。

①—四ヶ所垣外の成立と垣外仲間

四ヶ所垣外とその成立

大坂の非人は、四ヶ所の垣外《かいと》と呼ばれる区域に集住していた。以下の話の前提として、四ヶ所垣外について簡単に説明しておこう。それは、天王寺《てんのうじ》垣外、鳶田《とびた》垣外、道頓堀《どうとんぼり》垣外、天満《てんま》垣外の四ヶ所であるが、その所在地を図（七ページ）に記した。四ヶ所はいずれも大坂三郷《さんごう》▲の周辺に位置し、天王寺垣外は天王寺村の領内に、鳶田垣外は今宮《いまみや》村の領内に、道頓堀垣外は難波《なんば》村▲の領内に、天満垣外は川崎村の領内にあった。各垣外には、トップに長吏《ちょうり》と呼ばれる者が一人ずつおり、さらに数人ずつの小頭《こがしら》（あるいは組頭《くみがしら》）がいた。彼らは、「（長吏・小頭）御仲《おんなか》▲」と呼ばれる垣外の指導機関を構成していた。これ以外の一般の小屋持ち非人たちは若き者と呼ばれた。若き者の人数は垣外によって異なるが、数十人から一〇〇人くらいだったと思われる。以上が、小屋持ち非人であるが、この他、彼らに抱えられた弟子がおり、弟子のうちには町あるいは町人のもとに垣外番として派遣された者もいた▲。

▼**大坂三郷**　近世の大坂は北組・南組・天満組に分けられ、各組に数名の惣年寄《そうどしより》がいた。大坂三郷とはこの三組のこと。

▼**難波村**　元禄十二（一六九九）年までは下難波村と呼ばれたが、元禄十三年以降難波村と呼ばれた。

▼**御仲**　各垣外に指導機関としての「御仲」が存在していたが、一つの垣外を越えるような問題には、高原溜《たかはらため》の地におかれた高原会所で四ヶ所として対処した。

▼**在方の支配下非人**　この他、摂津・河内・播磨の村々に置かれた非人番も、多くが四ヶ所の支配下であった。

まず、この四ヶ所垣外の成立から見ていこう。天王寺垣外は、文禄三(一五九四)年に片桐市正(且元)の検地に際して地面を与えられたという。鳶田垣外は、慶長十四(一六〇九)年に片桐市正の検地に際して今宮村領内の荒れ地を垣外屋敷地として与えられた。道頓堀垣外は、慶長十四年に片桐市正の検地に際して除地《じょち》▲とされた荒れ地を、元和八(一六二二)年に大坂町奉行嶋田越中守・久貝《ひさがい》因幡守から屋敷地に下された。また、天満垣外は、寛永三(一六二六)年の藤林市兵衛の検地に際して、除地の荒れ地を垣外屋敷に下しおかれた。鳶田・道頓堀・天満三垣外は、延宝五(一六七七)年の青山大膳亮の検地に際し、荒れ地としてではなく垣外屋敷地として除地を認められた(以上は、すべて『悲田院《ひでんいん》文書』▲三)。

以上の垣外屋敷に関わる経緯は、寛政八(一七九六)年という後年の史料に記されているが、鳶田・道頓堀・天満垣外については、垣外には「来歴ノ書物」がないため「領の庄屋方」に残された書留から写させてもらったものだと記されており、これによりかえって以上の経緯は事実であると判断できよう。天王寺垣外については、垣外に伝えられた由緒の書き物によっているかと思われるが、全

▼**除地**　近世の検地において年貢免除とされた土地。

▼**悲田院文書**　天王寺垣外は、四天王寺に対しては悲田院と称するので、天王寺垣外において作成された史料群は「悲田院文書」と呼ばれている。これを刊行したものが『悲田院文書』(岡本良一・内田九州男編)で、以下、本書に引用する際は、『悲田院文書』に付された文書の通し番号によって、本文中に(『悲田院文書』三)のように表記する。

●四ヶ所垣外の位置

●道頓堀垣外のキリシタン改宗者(寛永八年)

名前	転びか否か	生まれ在所
道真後家某	転びキリシタン	紀伊国伊都郡橋戸
孫作 妻まつ	非キリシタン 転びキリシタン	播磨国小豆島 摂津国八田郡兵庫
六兵衛 妻名不知	非キリシタン 転びキリシタン	備前国岡山 山城国久世郡日野
甚九郎 妻たま	非キリシタン 転びキリシタン	山城国京都 伊勢国小松
孫七 妻妙珠	転びキリシタン 転びキリシタン	山城国 播磨国美嚢郡三木
久右衛門 妻名不知	転びキリシタン 非キリシタン	三河国幡豆郡たいこう村 備前国邑久郡くさき
きく(新左衛門妻)	転びキリシタン	伊勢国
道味妻名不知 妻の母名不知	転びキリシタン 転びキリシタン	淡路国津名郡洲本 淡路国津名郡洲本

体の流れから判断して、これも事実と考えてよいと思われる。これにより、大坂の非人の四ヶ所垣外は、秀吉による大坂建設の頃(天正十一〔一五八三〕年)から、大坂の陣(一六一四～一五年)をへて、徳川氏直轄(元和五年)による大坂復興期(元和・寛永期)に、それぞれ時期を追って連続的に成立したものであることがわかる。ここから、大坂における非人集団の成立は、大坂の都市としての成立・発展とパラレルであることが大局的には想定されよう。

しかし、垣外屋敷の成立が近世初頭であるとしても、非人仲間は中世以前から存在しており、その集住地が垣外屋敷として認められたに過ぎないという考え方もありうるかもしれない。次に、この点について考えておきたい。道頓堀垣外には、寛永八年に改宗させられた転びキリシタン▲が含まれていた。寛永二十一年に転びキリシタンの改めが行なわれ、そこで一〇人の転びキリシタンが把握され、以後、その生死まで厳密に掌握されることとなった。そのため、彼らは生所を含む個人の履歴が残されることとなった(『道頓堀非人関係文書▲』上、二九五～三〇七ページ)。

それによって、彼ら(一部の家族を含む)の生所を一覧にしたのが、「道頓堀垣

▼**転びキリシタン**　江戸時代初期に幕藩権力によるキリシタン弾圧によって改宗させられた者たち。道頓堀垣外の転びキリシタンについては、内田九州男「大阪の非人研究ノート」(『大阪府の歴史』5)でまず注目された。

▼**道頓堀非人関係文書**　『道頓堀非人関係文書』上・下(岡本良

外のキリシタン改宗者」の表(七ページ)である。これによれば、生所のわかる一四人は、もともと大坂の非人集団の中で生まれたという者は一人もいない。彼らはいずれも三河・伊勢・山城・摂津・紀伊・淡路・播磨・備前などの広い地域の生まれであり、そこからどういう経緯を経たかはわからないが、道頓堀の非人集団に加わったのである。詳しくは後述するが、このうち孫七の家系からは長吏・組頭を出している。久右衛門は組頭である。また、道味の家系からは鳶田垣外の長吏に嫁す者が出ている。すなわち、これらの転びキリシタンの者たちの中には長吏・組頭などの家系が含まれていたのであり、彼らは道頓堀垣外の中核部分を構成していたことがわかる。道頓堀垣外の周辺ではなく中核部分を構成している者たちがすべて他国の生まれであることは、彼らが非人となり、集まって、道頓堀の非人集団が形成されたと考えられるのであり、道頓堀の非人仲間は元和八年の垣外屋敷の成立よりそれほどさかのぼらないことを示している。

天王寺・鳶田・天満の各垣外の場合は、これほど具体的にはわからないが、道頓堀垣外の場合を念頭に置くと、その非人仲間の形成は垣外屋敷の成立をそ

一・内田九州男編)は難波村の庄屋家に残された道頓堀の垣外や墓所に関する記録を刊行したものである。道頓堀垣外が難波村領内に所在したため、同村庄屋家に多数の関係史料が残されたのである。なお、「悲田院文書」が垣外内部で作成された史料群であるのに対し、こちらは庄屋家に残された史料である。両者は史料群としての性格が異なるため、かえって異なる局面が見えてくる利点があると言えよう。なお、同書からの引用については、本文中に(『道頓堀』上、二九五ページ)のように略記する。

れほどさかのぼらないと考えられる。事実、部分的ではあるが、天王寺垣外について次のような事例がわかり、傍証となるであろう。

寛永二十一年の転びキリシタンの僉議《せんぎ》▲の際、天王寺垣外においては専応という坊主が重要な役割を果たした。それを後年（貞享五〈一六八八〉年）に非人太兵衛が竹林寺の由緒に関わって書き上げている（『道頓堀』上、六五二〜五七ページ）。それによると、専応は、備前岡山の浄土寺という寺で納所《なっしょ》（＝平僧役）をしていた。浄土寺はよほど大寺であったという。その後、非人となって大坂に流れてきて三九郎と名乗って天王寺垣外の長吏次兵衛の弟子となり、紙屑などを拾って生活していた。その様子は「新参乞食あわれ不便」と表現されている。こうした時、先の垣外の宗旨改めが命じられたのであるが、長吏以下誰もが無筆で困っていたところ、三九郎が書けるというので召し出し、これにより垣外全員の名前の書付を提出できた。この功により、寺社役与力▲の仰せで、剃髪し、専応という名で「中間《なかま》の会所」において念仏を勧めるようにした。惣若き者たちは袈裟を買って贈っている。これが、後の竹林寺へとつながっていく浄業院の始まりであった。しかし、専応個人はその後大和松平村に移り、手習いを教えるよ

▼転びキリシタンの僉議　この転びキリシタンの僉議＝取調べは、道頓堀垣外だけでなく、天王寺垣外でも行なわれたもので、いっせいに大規模に行なわれたことがわかる。その取調べは苛烈をきわめたという。

▼寺社役与力　大坂町奉行所内の役懸りとしての寺社役。大坂においては、江戸の寺社奉行のような寺社地の管轄と宗教行政を担当する独立の役職は存在しなかった。

うになった。なお、この話を書き上げた太兵衛も、専応の四年後に天王寺垣外に来住した者であった。

すなわち、十七世紀前半期には天王寺垣外の構成員も流入してきた非人がまだまだ多かったと思われ、大坂の非人たちは、都市大坂の成立過程とパラレルであり、乞食＝貧人として生み出されたことは間違いないのである。

十七世紀後半の垣外仲間

次に、十七世紀後半の道頓堀垣外の構成員の動向を窺っておこう。先述のように転びキリシタンとその子孫の者たちは生死・所在などが把握されていた。特に貞享四(一六八七)年にキリシタンの類族改め▲が強化されてから、記録が詳細になる。これらの内、詳細な系図が復元できる孫七家・久右衛門家・道味家・きく家の四つのケースを取り上げる。

まず孫七系図を見よう。十七〜十八世紀の道頓堀垣外の長吏をわかる限りで一覧した表(一三ページ)もあわせて見ていただきたい。これを見ると、孫七の娘婿与右衛門は、長吏を勤め、また別の史料から二老を勤めていることがわか

▼**キリシタンの類族改め**　この年、キリシタン・転びキリシタンとその類族を書き留めたキリシタン類族帳の作成が制度化された。類族の範囲は、本人の転宗以前に生まれた子供は本人同然とし、男系は五代、女系は三代までとされた。

●孫七系図

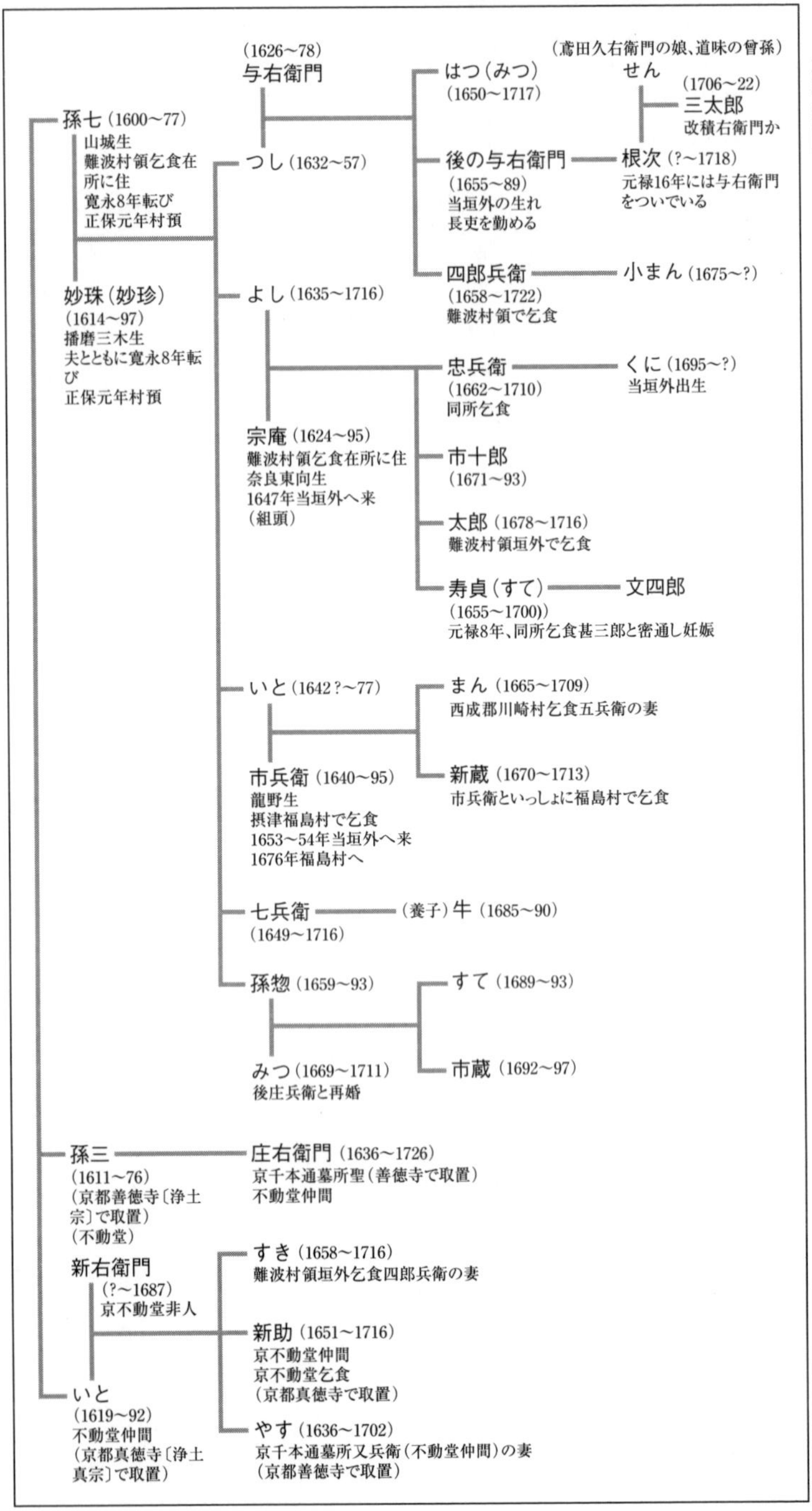
孫七（1600～77）
山城生
難波村領乞食在所に住
寛永8年転び
正保元年村預
妙珠（妙珍）
（1614～97）
播磨三木生
夫とともに寛永8年転び
正保元年村預
（1626～78）
与右衛門
つし（1632～57）
はつ（みつ）
（1650～1717）
（鳶田久右衛門の娘、道味の曾孫）
せん
（1706～22）
三太郎
改積右衛門か
後の与右衛門
（1655～89）
当垣外の生れ
長吏を勤める
根次（?～1718）
元禄16年には与右衛門をついでいる
四郎兵衛
（1658～1722）
難波村領で乞食
小まん（1675～?）
よし（1635～1716）
宗庵（1624～95）
難波村領乞食在所に住
奈良東向生
1647年当垣外へ来
（組頭）
忠兵衛
（1662～1710）
同所乞食
くに（1695～?）
当垣外出生
市十郎
（1671～93）
太郎（1678～1716）
難波村領垣外で乞食
寿貞（すて）
（1655～1700)）
元禄8年、同所乞食甚三郎と密通し妊娠
文四郎
いと（1642?～77）
市兵衛（1640～95）
龍野生
摂津福島村で乞食
1653～54年当垣外へ来
1676年福島村へ
まん（1665～1709）
西成郡川崎村乞食五兵衛の妻
新蔵（1670～1713）
市兵衛といっしょに福島村で乞食
七兵衛
（1649～1716）
（養子）牛（1685～90）
孫惣（1659～93）
みつ（1669～1711）
後庄兵衛と再婚
すて（1689～93）
市蔵（1692～97）
孫三
（1611～76）
（京都善徳寺〔浄土宗〕で取置）
（不動堂）
庄右衛門（1636～1726）
京千本通墓所聖（善徳寺で取置）
不動堂仲間
新右衛門
（?～1687）
京不動堂非人
いと
（1619～92）
不動堂仲間
（京都真徳寺〔浄土真宗〕で取置）
すき（1658～1716）
難波村領垣外乞食四郎兵衛の妻
新助（1651～1716）
京不動堂仲間
京不動堂乞食
（京都真徳寺で取置）
やす（1636～1702）
京千本通墓所又兵衛（不動堂仲間）の妻
（京都善徳寺で取置）

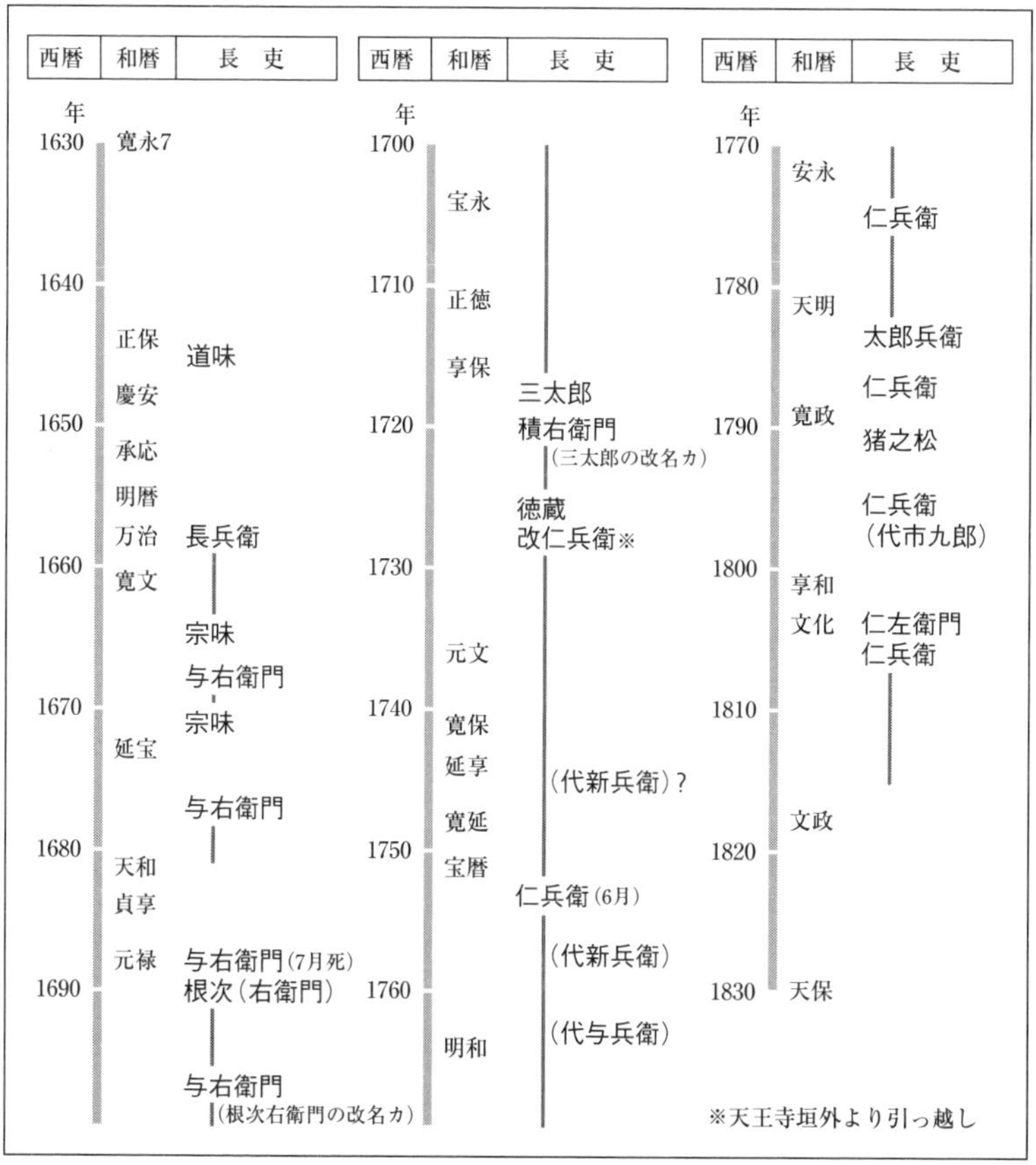
西暦
和暦
長　吏
年
1630
寛永7
1640
正保
道味
慶安
1650
承応
明暦
万治
長兵衛
1660
寛文
宗味
与右衛門
1670
宗味
延宝
与右衛門
1680
天和
貞享
元禄
与右衛門（7月死）
1690
根次（右衛門）
与右衛門
（根次右衛門の改名カ）
西暦
和暦
長　吏
年
1700
宝永
1710
正徳
享保
三太郎
1720
積右衛門
（三太郎の改名カ）
徳蔵
改仁兵衛※
1730
元文
1740
寛保
延享
（代新兵衛）?
寛延
1750
宝暦
仁兵衛（6月）
（代新兵衛）
1760
（代与兵衛）
明和
西暦
和暦
長　吏
年
1770
安永
仁兵衛
1780
天明
太郎兵衛
仁兵衛
1790
寛政
猪之松
仁兵衛
（代市九郎）
1800
享和
文化
仁左衛門
仁兵衛
1810
文政
1820
1830
天保
※天王寺垣外より引っ越し

●—道頓堀垣外の長吏

る。その子孫である与右衛門―根次右衛門―積右衛門らも長吏の地位にあった。この後、長吏は仁兵衛家に変わるが、孫七家は近世の前半期の長吏を出す家なのである。また、同じく孫七娘婿の宗庵は組頭を勤めている。

注目点は多いが、第一には、孫七子孫の多くは、道頓堀垣外(難波村領乞食在所)に暮らしていた。垣外仲間の定着が見て取れる。第二には、孫七の娘の世代では、よしの夫宗庵は奈良の生まれ、いとの夫市兵衛は播磨の龍野の生まれであり、十七世紀半ばには垣外の中枢部分でも他所からの流入が激しかったことがわかる。第三には、市兵衛は道頓堀垣外に来住して二〇年ほどして、福島村に移っている。その息子新蔵も同村の非人で生涯を終えている。すなわち、垣外から各地の村々に非人番として移る事例の存在を示している。第四には、四ヶ所の垣外間の人的交流が見られたことである。根次右衛門の妻は鳶田垣外久右衛門の娘であった。市兵衛娘のまんは川崎村乞食五兵衛と結婚している。つまり天満垣外に移っているのである。第五には、その交流はもっと広域だったことである。孫七の弟妹孫三・いととその子孫は京不動堂の非人仲間に入り、千本通墓所聖《ぼしょひじり》▲を勤めていた。さらに、いとの娘すきは道頓堀垣外の四郎兵衛に

▼墓所聖　墓所聖は隠亡《おんぼう》とも呼ばれ、死体の埋葬・火葬と墓所の管理を行なう者たちのこと。大坂の墓所六カ所の一つ道頓堀墓所は垣外と隣接して存在していたが、垣外仲間(非人)と墓所聖六坊の者たちとは後述のような関係があるものの、一体ではなかった。しかし京都におけるこの事例では一体であるような印象を受ける。なお、不動堂の非人の支配人田中兵部は「京伏見稲荷御旅所の神主にて候、御旅所境内に乞食共罷り有り候故支配申され候」(『道頓堀』上、六一ページ)と言われている。また墓所については「京千本通三品蓮台寺墓所聖」と言われ、田中兵部が「右場所支配人」であった(『道頓堀』上、九三ページ)。

嫁している。京都の非人集団と大坂の非人集団につながりがあったのである。

久右衛門系図を見よう。久右衛門は組頭を勤めたが、孫七家とはだいぶ様子が異なる点もある。注目点を上げてみよう。第一には、娘の世代の夫である治兵衛は大和郡山、市兵衛は岡山の出身である。十七世紀半ばには、他所からの流入が見られたことは孫七家と共通である。第二には、彼の子孫は久兵衛系統だけが、道頓堀垣外に定着していることである。第三には、五兵衛系統・小女郎系統は泉州大鳥郡草部《くさべ》村で「乞食」「番非人」であったことである。この二家は、草部村に定着している。第四には、ふくの娘くりは、河州高井田村の乞食(番非人)治郎右衛門に嫁している。第三点とも併せて、周辺村々の番非人との関係が見て取れる。

第五には、五兵衛の孫に当たる六助について「類族離れ候由仰渡され候ニ付、その節より六助義は百姓分ニ致」したとあることである。久右衛門系図によれば、草部村には多くの乞食が定着していたことになるが、実態は乞食というよりは村内に定着した下層百姓に近くなっていたのではなかろうか。小女郎の息子三助の妻はつは草部村百姓彦右衛門の娘であったことも、それを想像させる。

●—久右衛門系図

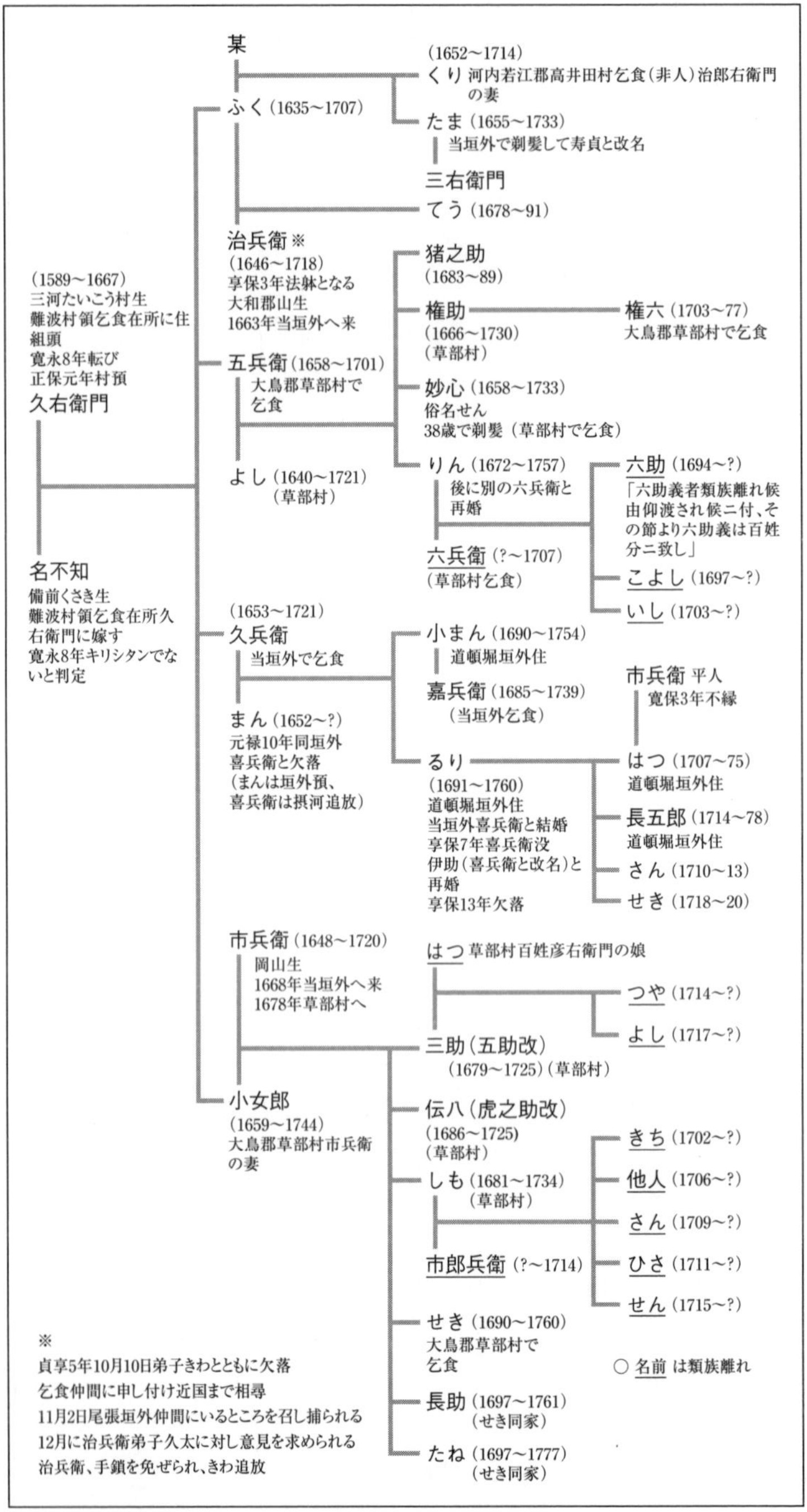
(1589～1667)
三河たいこう村生
難波村領乞食在所に住
組頭
寛永8年転び
正保元年村預
久右衛門
名不知
備前くさき生
難波村領乞食在所久
右衛門に嫁す
寛永8年キリシタンでな
いと判定
某
ふく(1635～1707)
(1652～1714)
くり 河内若江郡高井田村乞食(非人)治郎右衛門の妻
たま(1655～1733)
当垣外で剃髪して寿貞と改名
三右衛門
てう(1678～91)
治兵衛※
(1646～1718)
享保3年法躰となる
大和郡山生
1663年当垣外へ来
猪之助
(1683～89)
権助
(1666～1730)
(草部村)
権六(1703～77)
大鳥郡草部村で乞食
五兵衛(1658～1701)
大鳥郡草部村で
乞食
妙心(1658～1733)
俗名せん
38歳で剃髪(草部村で乞食)
よし(1640～1721)
(草部村)
りん(1672～1757)
後に別の六兵衛と
再婚
六兵衛(?～1707)
(草部村乞食)
六助(1694～?)
「六助義者類族離れ候由仰渡され候ニ付、その節より六助義は百姓分ニ致し」
こよし(1697～?)
いし(1703～?)
(1653～1721)
久兵衛
当垣外で乞食
まん(1652～?)
元禄10年同垣外
喜兵衛と欠落
(まんは垣外預、
喜兵衛は摂河追放)
小まん(1690～1754)
道頓堀垣外住
嘉兵衛(1685～1739)
(当垣外乞食)
るり
(1691～1760)
道頓堀垣外住
当垣外喜兵衛と結婚
享保7年喜兵衛没
伊助(喜兵衛と改名)と
再婚
享保13年欠落
市兵衛 平人
寛保3年不縁
はつ(1707～75)
道頓堀垣外住
長五郎(1714～78)
道頓堀垣外住
さん(1710～13)
せき(1718～20)
市兵衛(1648～1720)
岡山生
1668年当垣外へ来
1678年草部村へ
小女郎
(1659～1744)
大鳥郡草部村市兵衛
の妻
はつ 草部村百姓彦右衛門の娘
三助(五助改)
(1679～1725)(草部村)
つや(1714～?)
よし(1717～?)
伝八(虎之助改)
(1686～1725)
(草部村)
しも(1681～1734)
(草部村)
市郎兵衛(?～1714)
きち(1702～?)
他人(1706～?)
さん(1709～?)
ひさ(1711～?)
せん(1715～?)
せき(1690～1760)
大鳥郡草部村で
乞食
長助(1697～1761)
(せき同家)
たね(1697～1777)
(せき同家)
○ 名前 は類族離れ
※
貞享5年10月10日弟子きわとともに欠落
乞食仲間に申し付け近国まで相尋
11月2日尾張垣外仲間にいるところを召し捕られる
12月に治兵衛弟子久太に対し意見を求められる
治兵衛、手鎖を免ぜられ、きわ追放

しかし、転びキリシタン類族である限り、乞食＝非人身分を離れることができなかったのではなかろうか。それが類族の範囲を越えたため、六助は百姓分とされたのであろう。その他、久右衛門系図の人名に下線を引いた者たちは、いずれも類族を離れた者たちである。

第六には、ふくの夫治兵衛をめぐる一件である。貞享五年十月十日、治兵衛(四三歳)は弟子きわ(二一歳)とともに欠落した。「乞食仲間」として近国方々を手分けして探し、ようやく十一月二日に「尾張垣外仲間」にいたところを召し捕られたのである。手鎖《てじょう》・預《あずけ》▲となっていた治兵衛は、その後赦免され、一方のきわは垣外から追放となった。治兵衛抱えの久太にこの措置に対する意見が求められ、彼は「親方次兵衛に対し少しも恨み御座無く候」と述べている。おそらく久太ときわは夫婦で治兵衛の抱え＝弟子だったのではなかろうか。そのため、きわが追放となって自分は抱えのままで残ることに異存がないかを確認されたのであろう。ここでは、まず欠落した治兵衛ときわが尾張の垣外仲間に流入していたこと、それを大坂の垣外仲間からの探索で把握可能だったことが注目される。さらに弟子の抱主は親方と呼ばれることがわかるが、久太は前々の通り

▼**手鎖・預**　手鎖は手錠に同じ。召し捕られた治兵衛は代官所から手錠をはめて「御預」となった。きわが「垣外え御預」と明示されているのと対比すると、治兵衛は下難波村への「御預」だったのであろうか(『道頓堀』上、三八〜四〇ページ)。

▼**聖六坊**　大坂の周辺には、道頓堀墓所・鳶田墓所・小橋《おばせ》墓所・梅田墓所・葭原《よしわら》墓所・浜墓所の六カ所の墓所があった。道頓堀墓所には、東之坊・西之坊・南之坊・北之坊・中之坊・隅之坊の聖六坊がいた。他の墓所は一、二坊であった。

「治兵衛と一所に御置き下され」有り難いとも述べており、弟子は親方と同居していることも想定される。

道味系図を見よう。道味とその娘婿宗味は十七世紀半ばに一時長吏だったことがあったが、この系統は垣外仲間に定着せず、道頓堀墓所聖の仲間に含まれた。大坂の周辺には六カ所の墓所があったが、道頓堀墓所が最も大きく、火葬・埋葬と墓所の管理に携わる聖六坊《ひじりろくぼう》▲があった。道味系統は聖六坊ではないが、到岸・乙松・正龍らは薬師堂に住し、墓所聖らの五人組に含まれていた。垣外仲間の者の旦那寺は竹林寺であったが、墓所仲間の旦那寺は源聖寺であり、違いが明らかである。しかし、垣外との密接な関係は残っている。小たねは鳶田垣外長吏久右衛門の妻になっていた。その娘せんは道頓堀垣外長吏根次右衛門に嫁いでいる。このように垣外の中枢部ともつながっていたが、一方では、墓所仲間に加わっている正龍、清岸(虎之助)の二人が医者であること、また清岸(兵吉)が長町二丁目の町家に移っていることが注目される。

最後に、きく系図を見よう。小かうが天王寺垣外の茂兵衛妻となったからであろうが、この系統は天王寺垣外に定着している。ここで注目されるのは、鉄

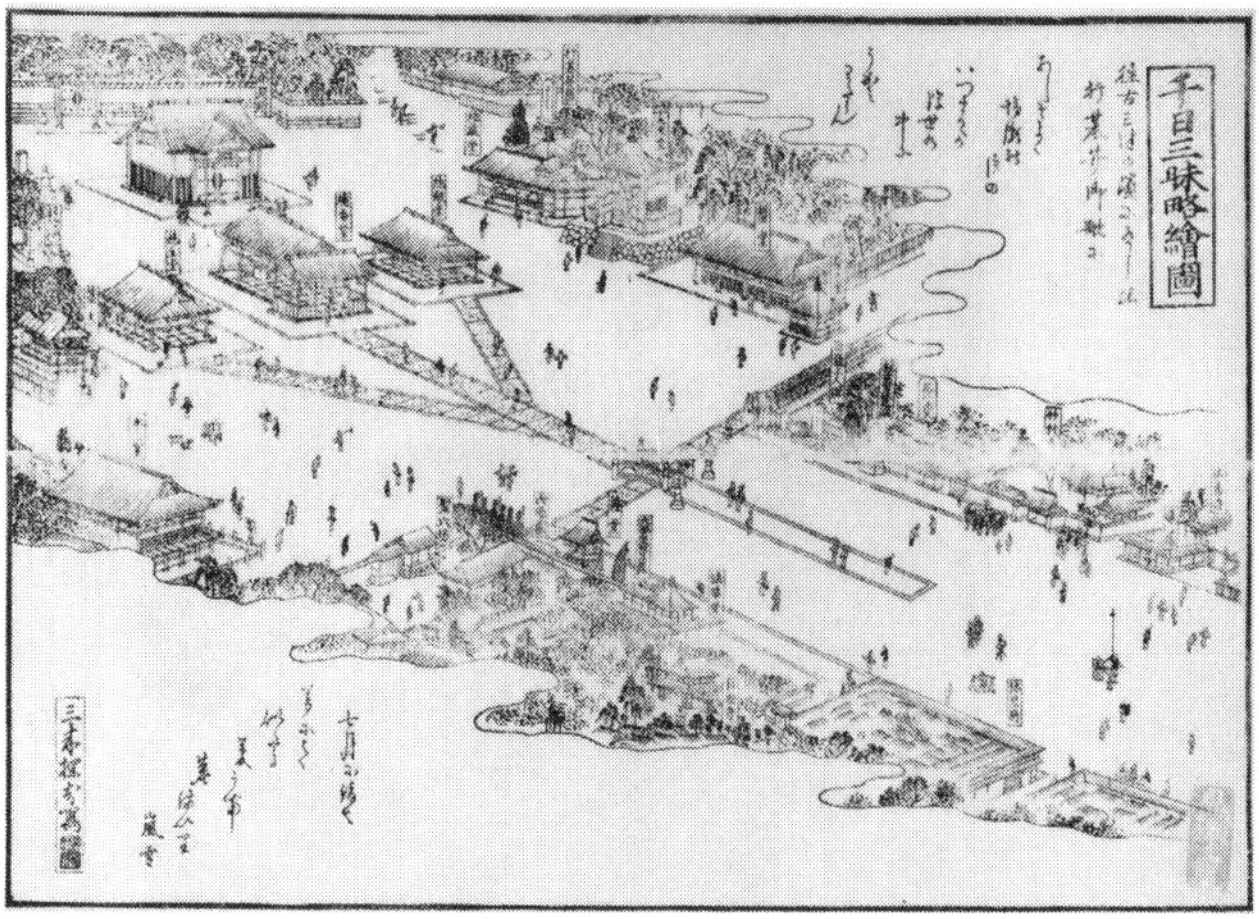

千日三昧略絵図

道味（1605～81）

（1632～82）
たま
（大坂西寺町源聖寺で取置）

母
名不知
（1575～1660）
淡路洲本生
難波村領乞食在所住
寛永8年転び
正保元年村預

名不知
（1604～62）
淡路洲本生
難波村領乞食在所住
寛永8年転び
正保元年村預

宗味
（1625～83）
（大坂西寺町源聖寺で取置）

到岸（治兵衛改）
（1654～1709）
難波村領で聖役
（源聖寺取置）

虎之助 改清岸
（1693～1754）
外科医

兵吉 改清岸
大坂町家（大坂長町2丁目）へ移る

小たね
（1647～1708）
（鳶田垣外長吏久右衛門女房）
（竹林寺取置）

せん（根次へ嫁す）

乙松
（1669～1707）
難波村領墓所に住（源聖寺取置）

正龍（善助改）
（1671～1740）
難波村墓所に住（源聖寺取置）
医者

道味系図

きく（1592～1661）
伊勢生
難波村領乞食在所に住
寛永8年転び
正保元年村預

新左衛門

小かう
（?～1682）

茂兵衛
（1615～82）
天王寺領乞食

鉄心
（1654～1719）
上安堂寺町吹田屋次郎兵衛店
享保3年閏10月「年罷り寄り鉢ひらき成り難く飢命に及」び、「当垣外へ引取り我々仲間ニて養い申し度」

半助
（1659～1716）
天王寺村領で乞食

小吉
（1663～1701）
半助といっしょ

権
（1667～1716）
天王寺垣外住
半助といっしょ

きく系図

心である。彼は、上安堂寺町吹田屋次郎兵衛店を借り、鉢開《はちひら》き▲（勧進）で暮らしていた。ところが享保三（一七一八）年、年老いて鉢開きができなくなり飢命に及んだため、道頓堀垣外へ引き取り、仲間として養うことになる。鉄心は町家に移っていたこと、その生業は鉢開き＝勧進だったこと、にもかかわらず垣外仲間と断絶していないことなどが注目される。

以上、十七世紀後半を中心とした垣外仲間のあり方を見てきた。道頓堀垣外仲間の定着、四ヶ所垣外間の交流、京都や尾張までに及ぶつながり、周辺村々への番非人としての移住などを見て取れる。また、部分的には墓所仲間に入ったり、百姓分となったり、町家に移ることもあった。その際、鉢開きという他の宗教的勧進者と連続的な生業に従事しているのである。また、町家に出ても垣外仲間と断絶していないことも注目しておきたい。

▼鉢開き　鉢を開くとは、物乞・勧進を行なうこと。鞍馬の願人が大坂において行なっている勧進として、正月の鞍馬の札配りや諸寺社代参とならんで、たたき鉦を掛け念仏を唱える勧進や「鉢ひらきの勧進」があげられている（吉田伸之「鞍馬寺大蔵院と大坂の願人仲間」）。

②—垣外仲間の周縁

周辺村領への野小屋の定着

十七世紀後半から十八世紀前半にかけての垣外《かいと》仲間の周辺に目をやってみよう。

以下の行論の前提として、今一度、道頓堀垣外の屋敷と仲間について確認しておこう。延宝五(一六七七)年の検地に際して、下難波《しもなんば》村庄屋らが提出した書上げでは、元和八(一六二二)年に認められた道頓堀の「乞食垣外屋敷」は、竪四四間で横一五間とされている(『道頓堀』上、二一〜二二ページ)。長方形に近いとすると、二反二畝程の広さとなる。元禄四(一六九一)年、道頓堀垣外の長吏《ちょうり》の地位をめぐって内紛があり、その際、若き者が連名で一札を提出しているが、そこには五二名の名前が見える(『道頓堀』上、五二〜五三ページ)。彼らと長吏・組頭が、垣外屋敷に小屋を持ち、非人組織を構成する非人たちである。

十七世紀後半には、四ヶ所の垣外仲間の非人たち以外の野非人《のひにん》▲がおおぜい定着していた。その野非人を四ヶ所の下に組み込む方向が見られた。延宝八年三

▼**野非人**　非人(＝乞食)状態にある者で、非人組織に人別把握されていない者たちがこう呼ばれる。

▼**寺請状**　旦那寺による、幕府の禁ずるキリシタンではないことを保証する証文。

月二十五日、道頓堀長吏与右衛門と組頭四名が、「当村御領内へ小屋掛」している非人の僉義《せんぎ》があり、自分たちの仲間から札を渡し、諸事吟味するということでそのまま差し置くことを認められたが、不審な非人がいたらすぐに追い払う、という一札を庄屋喜右衛門に提出している(『道頓堀』上、二三ページ)。そこでは、この非人たちの宗旨は、旦那寺の寺請状《てらうけじょう》▲を仲間に取り置くこと、村内外でも野荒らしなどの狼藉を働かないよう堅く申し付けることを約束している。

このことから、いくつかの注目点が窺える。第一には、この一札は下難波村村役人と道頓堀垣外の長吏・組頭の間で取り交わされており、町奉行所や代官所は関わっていない。下難波村領内に小屋掛することを、村役人レベルで承認するということなのである。第二には、垣外仲間から札を渡し、宗旨を改めるなど、管理下に置くこととし、それによって不審な非人ではなくなるのである。第三には、長吏・組頭らは、彼らが野荒らしなどを働かないよう支配統制する立場にあったことである。

どのくらいの小屋が作られていたのであろうか。享保八(一七二三)年、同十年、同十二年、同十七年分の長吏から難波村への野小屋の書き上げが残されている。このうち享保八年分には、次のような記載の仕方で、総計六七軒の小屋が書き上げられている(『道頓堀』上、一六八〜七〇ページ)。

長町五丁目裏小屋
一、地主南之町志倉屋庄治郎様　太郎兵衛
一、地主覚道ノ善右衛門様　左兵衛

「長町五丁目裏」などという難波村領内のどこに小屋があったかの記載を表(二五ページ)にまとめた。この表と、地図(二四ページ)を併せて見ると、長町四・五丁目裏から時計と逆回りに、道頓堀の垣外・墓所の周辺、戎橋《えびすばし》裏から南に向かう道筋、九郎右衛門町裏、湊町裏、幸町一〜四丁目裏、同西側町裏、さらに木津《きづ》川堤西べりに点在していたことがわかる。言うまでもないことだが、これらはすべて垣外屋敷の外部である。また垣外屋敷は除地だったのに対し、これらの小屋があったのは地主のいる土地なのである。

長吏仁兵衛は、これを「御領内に罷在り候組下小屋の者共、幷に野非人共に相改め」書き上げたと言っている。以上のことは、除地として認められた垣外屋敷とは別に、多くの野非人の小屋が難波村内に形成されていたことを示し、

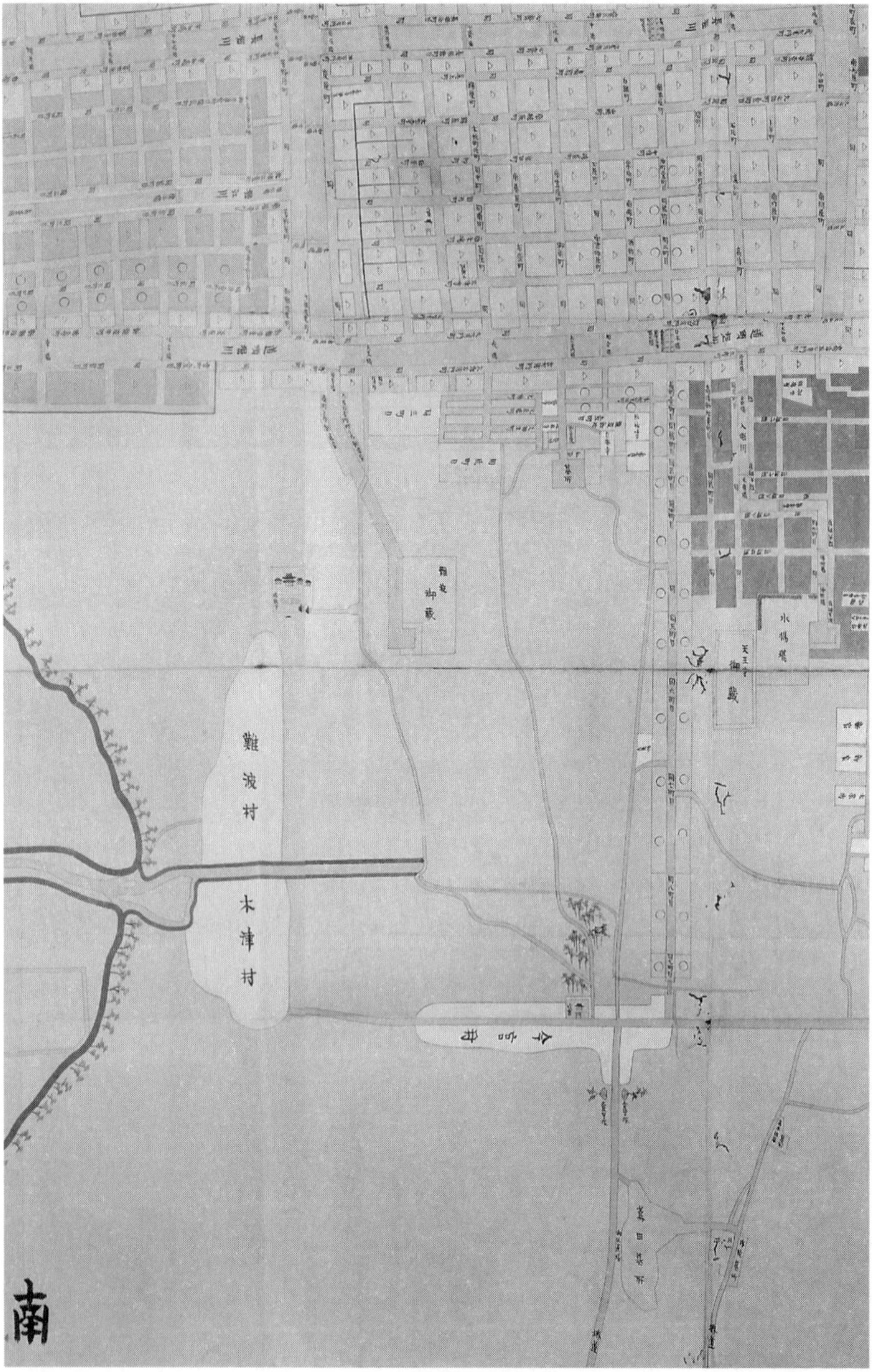

●—難波村の周辺　「大坂三郷町絵図」部分

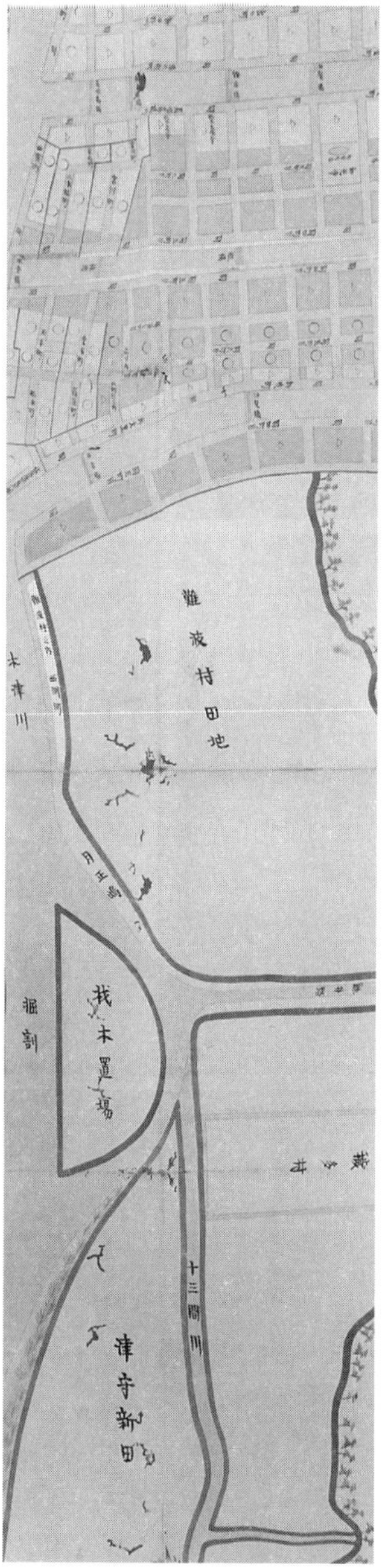

所在場所	小屋数
長町五丁目裏	3
長町四丁目裏より西手道筋	7
六坊聖地	4
小頭徳兵衛地	1
垣内より東手畑中(内、坂町南裏・法善寺裏・竹林寺裏・新垣内南門西各1)	8
道頓堀戎橋裏より南道筋	2
御村(難波村)の東	8
道頓堀九郎右衛門町裏	3
湊町裏(内、瑞竜寺門前2・御村大道北通り3など含む)	11
幸町一丁目裏	5
幸町二丁目裏	2
幸町三丁目裏	3
幸町四丁目裏	2
西側町裏	4
堤の西べり	3
堤の東べり	1
惣小屋数	67

●──難波村領内の非人小屋(享保八年)

それらも長吏に掌握されていたことを示している。

先に見た延宝八年の一札からわかるように、このような野非人小屋は、十七世紀後半には大坂三郷の周辺の村領の空地に相当数できており、しかも、野非人という呼称のままで垣外仲間の周縁に定着していたのである。では、大坂市中ではそのような野非人は生まれていなかったのだろうか。

市中からの野非人の排除

天和三(一六八三)年から翌年にかけて、地奉行(町奉行所地方与力《じかたよりき》)の指示で「大坂町屋敷の内、川はた或いは家はつれに小屋立居り申し候非人」を市中から払い、四ヶ所垣外に引き取る措置が取られた(『道頓堀』上、二二四〜二二六ページ)。道頓堀垣外には非人男女一五三人が割り当てられたが、垣外屋敷には少しも明地《あきち》がないので、下難波村庄屋に願って六右衛門所持の畑一反を借り受けることとなった。その長吏・組頭らの願書によると、この一五三人は「前々より私共札下ニて御座候」と言っており、周辺村内にいた野非人と同じく、市中に散在していた野非人も四ヶ所長吏の掌握の下にあったのである。

▼惣会所　三郷の各組におかれた惣年寄らが執務する会所。日常的には惣代・若き者らが常駐した。北組惣会所は平野町三丁目に、南組惣会所は南農人町《みなみのうにん》一丁目(ただし、初期は本町五丁目)に、天満組惣会所は天満七丁目にあった。

この時借地した一反の土地に対しては、六右衛門に一年当たり地子銀一五〇目を支払う約束であった。この土地は新垣外《しんがいと》と呼ばれ、事実上道頓堀垣外の拡張であったが、除地《じょち》である本来の垣外屋敷とは土地の性格は異なった。新垣外は東・北・西を塀で囲み、南に門が開かれていた。これから考えて、元の垣外屋敷も塀で囲まれていたものと想像される。この塀や小屋棟の普請費用は北組惣会所《そうかいしょ》▲から渡された。なお、この時、天王寺・鳶田《とびた》の両垣外は天王寺村内の荒地を開き、それを同村から遣わされた。天満垣外は、長吏清右衛門が自分の力で畑七畝を入手(購入)した。

下難波村領内の野非人小屋の問題は、同村村役人と道頓堀垣外の関係に限定されるが、大坂市中の野非人については四ヶ所全体で責任を持たされたのである。大坂町奉行所は、大坂市中から野非人を一掃しようとしたわけであるが、同時にそれは四ヶ所垣外の拡張につながったのである。但し、これによって垣外仲間の正式の構成員(若き者)が増加したかどうかは疑問である。小屋棟を作るということに窺えるように、独立の小屋持ちになるのではなく、まずは救済小屋に収容するような方式ではなかったろうか。すなわち、四ヶ所垣外に非人救済機能が付け加わったと言えるのではなかろうか。

しかし、この後も大坂市中の非人は絶えなかった。「地方役手鑑《じかたやくてかがみ》」には、元禄四(一六九一)年に「大坂町中新非人多く出来、改め候所、男女千弐百六拾八人これ有り、町中不用心に付、非人小屋を建つべき地面、加藤大和守吟味の上、御瓦師寺嶋藤右衛門請地の内、所々に荒地これ有るに付、此所に非人小屋を建て、年貢は長吏共より藤右衛門手前え出すべきの由」と言うことで、宮崎町西裏一二三坪(小屋数二〇軒)、生駒《いこま》町西方二八二坪(六三軒)、尾張坂《おわりさか》町南裏一九三坪(四〇軒)に非人小屋が作られたことが記されている(大阪市史史料第一五輯、八〇ページ)。一二〇〇人を越える新非人＝野非人が市中に生まれていたが、町奉行所はこれを四ヶ所垣外に割り付けるのは不可能と判断したのであろう。この新非人を収容する非人小屋を設置する措置が取られたのである。市中には非人を置かないという町奉行所の方針が窺われる。この時作られた非人小屋が、四ヶ所が共同管理し病・幼囚を収容する後の高原溜《たかはらため》になっていく▲。

享保十七(一七三二)年に西日本を襲った虫害による享保飢饉▲は、翌年夏頃まで大きな被害をもたらした。大坂は西日本一帯への幕府の飢饉対策の前進基地

▼江戸の溜　非人仲間が管轄する溜は江戸にも設けられた。浅草、品川の二カ所にあり、前者は浅草非人頭車善七が、後者は品川非人頭松右衛門が管轄した。ともに、貞享四(一六八七)年に無宿者が非人頭両人に預けられたのを発端としたが、本格的に展開するのは元禄十二・十三年に溜地を拝領してからである。もともと「無宿行倒人」を収容する施設として出発したが、病・幼囚を収容するようになり、宝暦十(一七六〇)年からは「御吟味筋牢舎格溜御預」が主たる機能となっていく。

▼享保飢饉　この飢饉の状況や対策などについては「虫附損毛留《むしつきそんもうとめ》書《がき》」(内閣文庫蔵)に詳細に記録されている。享保飢饉に関わる以下の記述は、この史料による。

であると同時に、飢人・困窮者があふれ、さまざまな対策(飢人への施行や困窮者への米安売りなど)が必要であった。享保十八年正月、江戸の老中から非人の状況について問い合わせがあり、大坂での非人数が調査された。それによると、正月十六日現在で、

非人頭手下に付く非人　四三一二人(内八八人昨年より増、内一三人三郷より出る)

同手下でない往来《おうらい》非人　一七七〇人(男一三五六人／女四一四人)

内　三郷より出る　五三六人(内、昨年よりの新非人三五〇人)

他国より出る　一二三四人(内、昨年よりの新非人五九五人)

である。この調査をもとに、もし非人小屋を設置したら、他国から非人が大勢流入してくるだろうからと、特別に非人小屋は作らないこととし、市中より出た病人・老人・幼少あるいは労《つか》れた非人は、米一合五勺宛渡し、非人頭方へ小屋を掛け引き取り、他所から流入した非人も病気・極老・幼少で歩けない程の者は同様の措置を取ると、町奉行と相談のうえ大坂城代から老中に伝えられている。

ここでの非人頭が四ヶ所長吏を指すことは言うまでもない。この内手下に付いている非人というのは、先に見たような定着した野非人を含んでいることは間違いない。往来非人は、本来だったら垣外仲間による市中からの排除の対象なのであろうが、今回は四ヶ所長吏下の救済にゆだねられたのである。

以上に見てきたように、大坂の非人集団たる四ヶ所の垣外仲間は、十六世紀末から十七世紀前半にかけて都市大坂の成立過程とパラレルに、乞食＝貧人仲間として生み出されたのであった。彼らは除地の垣外屋敷を認められ、長吏以下の組織構造を成立させ、都市周辺にその位置を確定する。しかし、乞食＝貧人はその後も生まれ続け、十七世紀後半には三郷周辺の村領内に野非人小屋が定着し、市中にも野非人＝新非人が数多く生み出される。市中の非人は、垣外の拡張、さらには新たな非人小屋＝高原溜を設置して、市中から一掃しようとする方策が取られたが、周辺在方の野小屋は野非人という呼称のままで四ヶ所長吏らの支配下に組み込まれたのであった。

町触に見る垣外仲間の機能

このように非人身分として都市社会に定着した長吏以下の垣外仲間は、野非人＝新非人に対する支配下への組み込みか追い払い、あるいは野荒らし対策などの治安維持と救済という機能を担わされた。そのことは、同時期の町触《まちぶれ》▲にも明示されており、町人たちもよく承知していたと思われる。そのような町触を、いくつか紹介しておこう。

①享保十三(一七二八)年六月二十七日触――非人たちが町中での祭礼や法事・祝儀の際に立ち集まったり、川中に入って女・童の乗る遊山船に狼藉《ろうぜき》を仕掛けたり、あるいは町外れの道端で通行人に物を押乞《おしご》いするなどの不届きが無いよう常々巡回し、背く者がいたら捕らえてくるよう長吏たちに命じたので、町中でもそのように心得て押乞いするような非人は番所へ召し連れよ。

②享保十五年三月二十八日触――町中や納屋《なや》下・橋下などにいる非人は、四ヶ所長吏に追い払うよう命じた。町々でも見合い次第に立ち去らせるように。今後、長吏手下の非人には焼印のある木札を与えるので、そのように心得よ。

③享保十九年正月七日触――昨冬から当春にかけて、町中に行倒れの非人が多

▼**町触**　町触とは、大坂町奉行から三郷町中に触れられた御触(法令)のこと。現在知られる大坂の町触は明治末から大正初めに編纂された『大阪市史』(第三巻、第四巻)にほぼ網羅的に編年で収録されている。以下の叙述において、町触に言及する場合、すべて同書によっている。その年月日の所を見ていただきたい。

いと聞く。去る夏にも命じた通り、病気や歩けない非人は追い払わずに、その町中から相対《あいたい》でもって長吏方に送り、育むようにしなさい。長吏たちには育料《はぐくみりょう》を貪らないよう言ってあるので、そのことも心得るように。

④寛保元(一七四一)年十一月触――くわえ煙管《きせる》禁止の一環として、非人が橋の上下で煙草《たばこ》を呑むのは火の元不用心なので、非人の喫煙を禁止すると長吏たちに申し渡した。

ここに上げたのは、十八世紀前半の四ヶ所長吏が文面に現れる町触である。これらに共通する特徴は、非人に対する措置を長吏に申し渡したので、町人たちもそれを心得るようにという点である。その内容は大きく二つに分かれる。一つは、押乞い＝勧進の強要(悪ねだり)の統制、市中からの非人の排除、喫煙禁止といった非人の支配・統制のような治安維持に関わる局面である。もう一つは、行倒れ非人の養育といった救済に関わる局面である。

享保十五年に触れられた市中からの非人の排除の措置は、先に見たように十七世紀後半にも同様の方針が取られていた。それが、飢饉状況で行倒れ非人が多く生まれる時期には救済の側面が前面に出てくる。享保十九年の町触は、前年正月に享保飢饉への対策として取られた措置を踏まえていることは明らかであろう。ここで長吏たちに命じられている措置の対象は、垣外仲間外の野非人・往来非人であることは明らかで、その一部は、木札が渡され、野非人という呼称のまま長吏たちによって掌握されていくのである。これも、先に見た道頓堀垣外と野小屋の状況と照応している。

十七世紀半ば以降、非人に関わる町触がいくつか出されているが、内容がわかるのは、元禄二(一六八九)年三月二十一日のものが最初である。ここでは、町々の軒下・門際・浜側納屋下などに非人を置かないよう命じたため、堀川に繋いである船に乗り移っていると聞くが、年若で達者な非人は市中から追い払うこと、大小刀・脇差や不相応な衣類などを菰《こも》に包んで隠している非人は捕らえて惣会所へ召し連れよ、とある。また同年七月七日には、「乞食物貰共」が町家で押乞いをしたり、祝言・仏事のあるところへ来て悪口雑言することがあると聞くが、そのような者は捕らえて召し連れよ、と触れている。これは町中に触れられたものであるが、十八世紀前半の町触(三一ページの①・②)と内容的には同じであり、文面上は出ていないが、おそらく長吏たちに同様の措置が命じ

▼十七世紀の町触　十八世紀初頭までの大坂の町触は、頭書によって出されたことが確認されていても、本文が失われ、内容のわからないものが多くある。

▼押乞い・悪口雑言　押乞いは、物乞いの強要のこと。悪口雑言の内容は祝儀や志の額が少ないと文句を言うということであろう。こうした行為を「悪ねだり」と言う。

られていたと想定される。

以上のことから、十七世紀後半から十八世紀前半にかけて、垣外仲間の周辺には野非人が多く発生しており、長吏たちには野非人に対する統制と救済の措置がゆだねられていたことがわかる。その際、市中からは非人を排除することを原則としつつ、周辺村領には野小屋を認め、四ヶ所の配下に掌握するという対照的な位置づけだったことに注目しておきたい。また、注意しておきたいのは、長吏たちに命じられている措置は、本来的には非人(野非人・往来非人)を対象としており、それ以外に及んでいないことである。

垣外仲間の変容

しかし、十八世紀半ばにいたり、垣外仲間の存在形態と位置付けの変容を窺わせる事実が出てくる。その中でも、最も注目すべき二つの例を上げておこう。

第一は、元文六(一七四一)年二月に、浜納屋下▲で火を焚いた非人の吟味の際、非人は長吏たちの手下ではないと町奉行所で主張して認められたということである(『道頓堀』上、二一五〜一七ページ)。これを受けて、道頓堀垣外の長吏・組

▼**浜納屋下**　大坂三郷には多くの堀川が通っていたが、その堀川の岸はゆるい傾斜地となっており、浜と呼ばれた。この浜に納屋などの建物を建てる際には傾斜地なので床下に空隙ができる。そこに野非人・往来非人が住みつくことが間々見られた。これが〝納屋下の非人〟である。五九ページ図版参照。

頭らは、①新垣外の者の肩書に非人とあるのを除いてほしい、②道頓堀垣外の宗旨帳面上書きに「乞食仲間」とあったのを他の三垣外と同じ「垣外仲間」と変えてほしい、という二点を難波村庄屋に願い出て認められている。ここには、注目すべきことが潜んでいる。市中の納屋下などの非人は長吏たちに排除や救済の措置がゆだねられていたが、確かにそのままの状態で手下に含んでいたわけではなかった。しかし、非人であるが故にその措置がゆだねられたのである。ところが今回、納屋下にいる彼らこそ非人であるから、配下に組み込んだ者（「新垣外の者」）から非人という呼称を除いてほしいと主張して認められたのである。その前提には、長吏・小頭・若き者などもともとの垣外仲間の者たちにはすでに非人という呼称を普通には用いなくなっていた現実があったものと思われる。すなわち、ここで非人という呼称を市中の往来非人に限定することでみずからの集団から非人呼称を遠ざけようとしたのであり、それと連動して乞食呼称もなくそうとしたのである。その背景には、垣外仲間の者たちの存在形態が乞食＝貧人から大きく変容してきた事実があったであろう。▲

　第二には、延享二（一七四五）年閏十二月六日の町触で、毎夜長吏たちに町中

▼垣外仲間の変容　道頓堀墓所の墓道には、寛文九（一六六九）年以来、七軒茶屋と称する水茶屋七軒が営業を認められていた。ところが享保年間（一七一六〜三六）にいたり、垣外《みそか》の者たちが、七月十五日から晦日までの時期限定であるが、西瓜や菓子を商う小床店を出すようになる。数軒から多い年では十数軒が難波村庄屋から許可されている。ここには、乞食＝貧人というあり方から大きく変容した様子が窺える（『道頓堀』下、「水茶屋一件」）。

を廻らせるが、その際町々の夜番の者に断るので心得るようにと触れられ、同月十七日には、廻っている長吏たちが盗賊を捕らえようとして手に余った場合、早拍子木《ひょうしぎ》を打つので町内の番の者は出合うようにと触れられていることである。これまで町触で長吏に言及されたのは、享保十五年十二月二十八日付けで博奕《ばくち》の処罰について、日限までに過料が出せなければ「当人は四ヶ所長吏へ預置」くという例外を除くと、すべて非人の治安統制と救済の措置に関してであった。ところがここでは、非人に限定されない盗賊の探索・召捕りに長吏たちを廻らせると触れられているのである。もちろんこれ以前にも、町奉行所の御用を勤めていたことは間違いないが、市中に町触で明示されたことの意味は大きい。彼らの御用の比重の増大、それに伴う意味の変容が見て取れるのである。

次に章を改めて、変容を遂げた大坂の非人たちの姿を見ていくこととしよう。

③―身分内法と垣外仲間の構造

身分内法の形式

「悲田院文書」は、天王寺垣外で作られ、今に伝えられた史料群である。その中に含まれる次の史料は、垣外仲間の構造を考える手掛りを与えてくれる(『悲田院文書』六三)。

条々

一、御用向随分大切に相勤め申すべし、就中御山内は勿論、御村方諸御役中様え無礼仕るまじき事、

一、火の元大切に致すべき事、

一、市中え囉斎《らさい》に出で候節、随分神妙に致すべき事、

一、病気にて出勤相成り難き節は、当番え相断り、その上にて養生致すべき事、

一、博奕賭の勝負、決て致すまじき事、

右の条々堅く相守り申すべく候、毎年両度ずつ印形取置き、その上毎月読

▼囉斎　近世大坂では、非人が勧進に廻ることを囉斎と言うことが多い。具体的な内容は五章を参照。

聞かせ候得共、末々忘却致し候者もこれ在るべき哉に付、老分の者共より
猶又心配致すべく候、以上

寛政九年
巳正月

長吏
小頭

右御申渡しの条々承知奉り罷在り候得共、猶又仰渡され一統畏み奉り候、
若相背き候者これ在り候は丶、如何様に仰付けられ候共、一言の申分御座
無く候、依て御請印形差上げ申す所、件の如し、

月行司 弥兵衛㊞
同 弥三郎㊞
同 弥 八㊞
同 清 八㊞
同 音 八㊞
（以下四四名略）

長吏
小頭
御仲

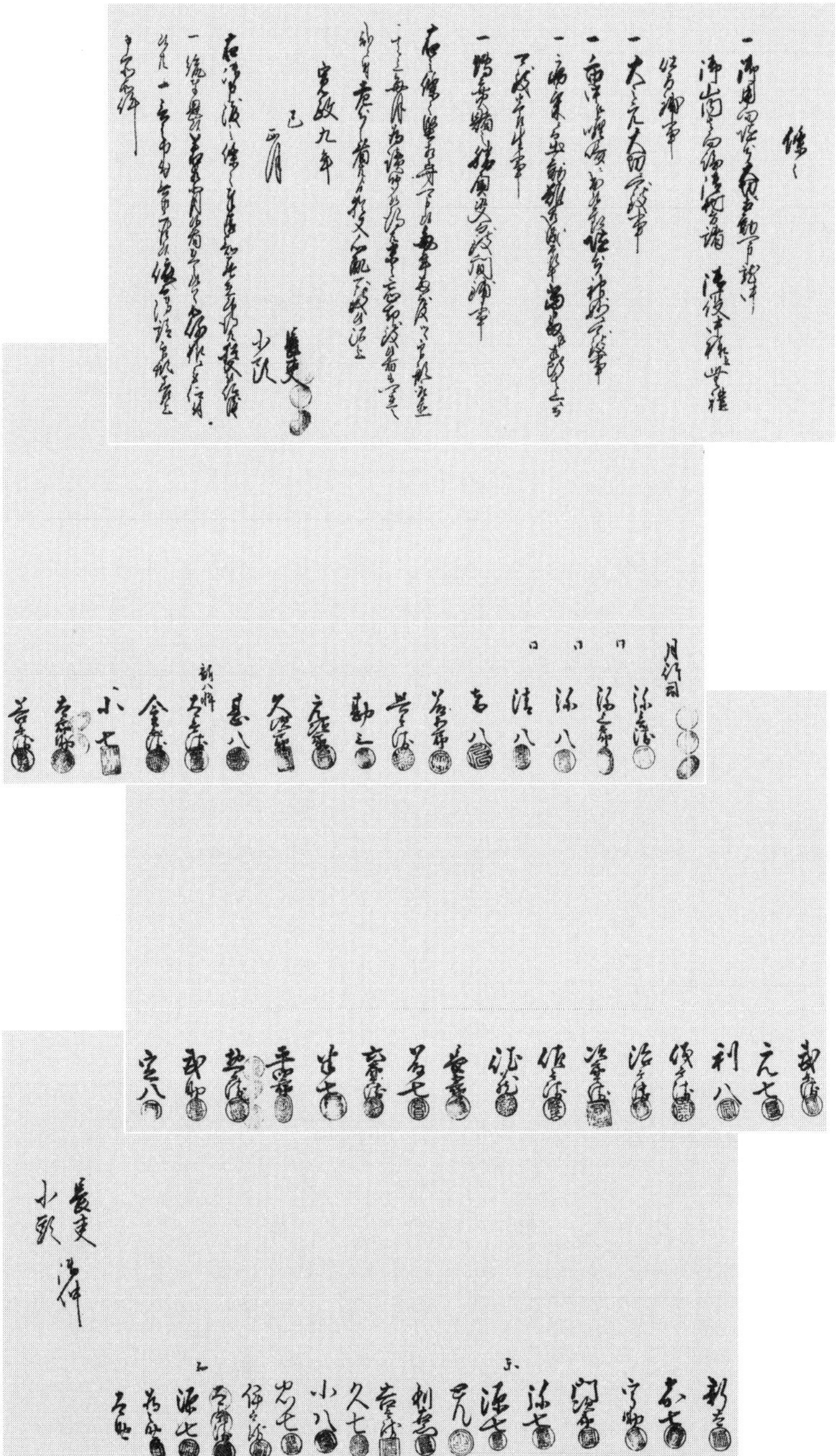

●──寛政九年正月「条々」

ここに上げられた五カ条は、毎年二度の誓約の印を捺し、毎月読み聞かせるとある。残っているのはこの一通だけであるが、天王寺垣外の非人仲間の基本的な規定であることは言うまでもなかろう。

この史料は、形式の点でも、内容の点でも興味深い。まず形式の点から考えていこう。前半は、長吏《ちょうり》・小頭《こがしら》から若き者たちに守るべき箇条を命じた部分であり、後半は、若き者たちが長吏・小頭にこれらを遵守《じゅんしゅ》することを誓約した部分である。この条々に見られるように垣外仲間は独自の身分内法を持っていたが、長吏・小頭御仲《おんなか》から若き者に宛てた申渡しは、身分内法の代表的な二つの形式のうちの一つである。もう一つは、長吏と小頭たちの間の申合せの形式である。身分内法は、この条々のような恒常的な基本的規定もあるが、何らかの契機で臨機に決められることもある。また、各垣外毎に規定することもあれば、町奉行所盗賊方などの指示を受けて四ヶ所垣外として申合せを行なった場合もある。しかし、いずれにしろ各垣外においては、二つの法の形式に還元される。

第二形式は、小頭たちが申合せ事項を守ることを長吏に誓約するという形をとるが、実質的に長吏・小頭全体での申合せである。それに対し、第一形式の場合、長吏・小頭から若き者に対する命令という性格を持つ。ここには、長吏は垣外のトップではあるが、小頭との間には歴然たる格差は存在せず、長吏・小頭で総体として垣外の指導機関＝「御仲」を形成していたことが示されている。一方、若き者も小屋持ちの非人ではあるが、長吏・小頭との間にははっきりした階層差があったのである。また、第一形式においても、誓約の署判を行なっているのは若き者に限られており、弟子らは入っていない。若き者までは、身分法共同体の構成主体であるが、弟子層は非人集団内の存在であるが、法共同体の客体であった。

寛政九年正月「条々」の内容

以上のように、法の形式からは垣外仲間の組織構造を窺うことができるが、法の内容を理解するためにも形式に留意することが不可欠である。すなわち、第一形式では、若き者がどうすべきかを規定しているのであって、各箇条の主語は若き者として解釈しなければいけない。一方、第二形式では、小頭を主語として解釈しなくてはならないのである。第一形式である寛政九（一七九七）年

▼四天王寺　大阪市天王寺区に所在する和宗の総本山。聖徳太子が建立を発願した寺で、中世以降、太子信仰により広く庶民の信仰を集めた。江戸時代には、東叡山末で天台宗に属した。

正月の条々も若き者に関する規定として理解しなければならない。次に、このことを念頭において条々の内容を見ていこう。

火の元用心(第二条)や博奕禁止(第五条)は、どこの町・村に宛てられた御触にも普通に見られるものであるが、それが天王寺垣外の基本五カ条に含まれていることに、垣外にとっての火事の脅威と非人集団における博奕に手を染めかねない危惧が窺える。とはいえ、この二カ条は一般的であり、ここではこれ以上触れない。

残る三カ条は、垣外仲間の特質を示す重要なものである。第一条の冒頭には、町奉行所の「御用向」を大切に勤めることが規定されている。後半の「御山内」は四天王寺▲をさし、寺僧や天王寺村役人に無礼のないようにとの規定である。ここには、天王寺垣外に対する支配関係が集約されている。一つは、御用の賦課と都市行政の立場からの大坂町奉行所の身分的支配である。もう一つは、天王寺垣外が所在している天王寺村の村役人の支配である。前章まで主に依拠してきた「道頓堀非人関係文書」は、道頓堀垣外の所在する難波村庄屋家に残されたものであった。そこには、道頓堀垣外が難波村領内に所在することに淵源して、

▼**天王寺垣外の由緒**　寛文十（一六七〇）年の聖徳太子一〇五〇年遠忌に際し、施行院を建てることを天王寺垣外から四天王寺に願い、認められた。この時が由緒創出の大きな画期であった。

▼**寺役**　寺役の具体的な中身は未詳。

非人の人別まで把握し、支配している様子が示されている。その一端は、転びキリシタンやその類族の掌握、垣外敷地や野小屋の許可と掌握、垣外人別帳の呼称など様々な出願、等々に見て取れる。そして、この村領に伴う支配は幕領代官の系列下にあることも留意しておく必要がある。

天王寺垣外については、さらに四天王寺の支配が加わる。天王寺垣外は、十七世紀後半に四天王寺と聖徳太子に由来する由緒▲を創出し、みずからを位置付けていた。その背後には、四天王寺に対し、寺役《じやく》▲を勤める現実があった。詳細は不明であるが、鳶田《とびた》垣外も寺役を勤め、四天王寺の支配を受けていた。十八世紀末に至り、天満垣外に生じた問題を契機に、他の三カ所の垣外は天王寺垣外から分かれたという形で、四天王寺と聖徳太子にまつわる由緒が四カ所全体の由緒として拡張された。しかし、道頓堀垣外・天満垣外については実質的な四天王寺の支配は及ばなかったと考えられる。つまり、第一条に見られた三方向からの支配関係は、天王寺垣外の現実に見合う規定だったのである。

第三条の〝市中へ囉斎に出る時は、神妙にせよ〟との規定には、非人の生活の根幹に囉斎＝乞食・勧進があったことが示されている。また若き者たちの勧進の対象が市中＝大坂三郷だったことも窺える。第四条では、〝病気で出勤できないときは、「当番」に許可を得て養生するように〟とあるが、この出勤とは町奉行所の御用への出勤であり、「当番」とは小頭の当番のことである。この規定は、天明八(一七八八)年六月の「申渡しの条々」では、病気で囉斎に出られないほどのときは、平癒まで当り役を免除するとあるのに対応している(『悲田院文書』九五)。すなわち垣外仲間において御用の勤め方と勧進は密接に関連していたのである。また、詳しくは後述するが、ここでの御用向＝当り役は町奉行所の町廻り与力の下で勤める巡回の御供である。すなわち、ここには長吏・小頭らが盗賊方与力の下で勤める御用については言及されておらず、この条々が若き者を対象とした規定であることと照応しているのである。小頭の当番の許可を得て出勤免除とするというのも、長吏・小頭から若き者へ、という法の形式と見合っている。

なお、若き者のあり方について、何人かの老分《ろうぶん》▲のものがいたこと、毎月四人ずつ月行司《がちぎょうじ》▲を勤めたことがわかる。

以上、寛政九年正月の条々から、大坂の非人集団の身分内法のあり方と垣外

▼**老分・月行司**　若き者のなかの老分とは語義矛盾のようであるが、こう呼ばれている。なお、老分・月行司の位置づけについては、寛政二年四月の「当所月行事の儀に付申渡しの事」(『悲田院文書』六〇)によって知られる。

仲間の組織構造の大枠を見てきた。そこでの法の形式からは、長吏・小頭らの形成する御仲と若き者が階層差を持ちつつ、身分法共同体の主体を成していたことが確認できる。また、条々の内容から、天王寺垣外は、大坂町奉行所、四天王寺、天王寺村役人という性格の異なる三方向からの支配関係の下にあったこと、非人たちにとって勧進と御用の二つが生活の根幹に位置することを確認できたと考える。

以下、ここまでに見てきた法の形式と内容という視点から、主に身分内法を素材として、非人の生活の根幹である御用と勧進のあり方を見ていくこととしたい。

④—非人の御用

盗賊方と定町廻り方

大坂の非人＝垣外《かいと》仲間の者たちが、役木戸《やくきど》（道頓堀の芝居の木戸番から出た）とともに町奉行所の手先の御用（＝警察業務の末端）を勤めていたこと、十九世紀には御用を笠に着た横暴が社会問題化していたことなどは、よく知られている。しかし、一般的に長吏《ちょうり》や若き者が御用を勤めていた▲というのみで、どの部署で誰がどのような御用を勤めていたか、という問いを発せられることすらなかったのである。それ故、ここでは、まずこの問いから出発する。

大坂町奉行所内の与力らの諸役掛の職務が詳細にわかる「町奉行所旧記▲」から、警察機能を担う掛として定町廻《じょうまちまわ》り方《かた》と盗賊吟味役（盗賊方）の主要な二つを見出しうる。あらかじめ、両者の職務を整理しておこう。

盗賊方の警察関係の職務として、大きくは①「火付・盗賊・あはれ者の類、怪しきもの召捕・詮義」と、②寺社法会・神事や町中引廻しなど「人立多き場所」や不時の「町廻り等に出役」、つまり犯罪の捜査・召捕りと犯罪防止のため

▼**非人の御用**　拙稿「近世大坂における非人集団の組織構造と御用」（『年報都市史研究』8、二〇〇〇年）は初めてこの問いを発し、回答を試みたものである。本章の叙述はこの論稿による。

▼**町奉行所旧記**　「町奉行所旧記」は、新任の町奉行への説明書類として作成された文書の一種で、内容上最も詳細なものである。文化五（一八〇八）年末に作成されたもの。このうち「盗賊吟味役勤方覚」「役木戸長吏小頭共名前書」「定町廻り方勤書」の三項目を参照した。なお、本史料は『大阪市史史料』第四一輯、第四二輯に翻刻されている。

の巡回の二つにまとめられる。

犯罪捜査・召捕りについては、大坂市中はもとより、摂津・河内・播磨の御料私領に及び、寛政年中(一七八九〜一八〇一)からは中国筋も含まれた。巡回には、東西両町奉行所の与力・同心の他「惣代・若キもの、道頓堀芝居役木戸番の内弐人、長吏共の内壱人、小頭共の内弐人」を召し連れるという。ここでの「惣代・若キもの」は三郷の惣会所の惣代と若き者であり、垣外仲間の若き者ではない。犯罪捜査・召捕りに関しては、与力・同心に付属して行動することもあったであろうが、役木戸と長吏・小頭らに対して「怪しき様子の者徘徊仕り候は丶、見逢い次第連来り候様に」と指示されていた。つまり、独自かつ日常的な捜査・召捕りの行動を認められていたのである。

一方、定町廻り方の職務は、四方へ分かれての毎日定例の町廻り、寺社法会など人立ち場への臨機の巡回、さらに忍廻《しのびまわ》りも行なっていた。つまり、町廻り方は名前の通り、定例・臨時の巡回が職務であった。この時も、与力・同心は「長吏下小頭共」を召し連れた。

▼**惣代と若き者**　三郷の惣会所には、惣年寄以外に、各組から雇用された惣代や若き者がいた。彼らは盗賊方の巡回に召し連れられたが、犯罪捜査・召捕りには関与しなかった。

▼**忍廻り**　ふらり廻りとも称する隠密の巡回。

身分内法に見る御用

以上のことを前提として、天王寺垣外の身分内法を素材に御用の実態を検討しよう。

寛政二(一七九〇)年正月の小頭から長吏に宛てた「諸事出方定《しょじでかたさだめ》」は、先の分類でいえば身分内法の第二形式である(『悲田院文書』九六)。まず、これを引用しよう。

諸事出方定

一、町御廻り様御供に出候は、昼夜二日宛引請け、何事に寄らず相勤め申すべく候、尤も二日引受の間は、外御用相除き申すべく候、併《しかしなが》ら引請の間に名前差しにて御召し遊ばせられ、御用の儀仰付けさせられ候は、、右引請の御供次え送り申すべき事、

一、盗賊方様御附人
　　幷に詰番
　　御召
　　立会

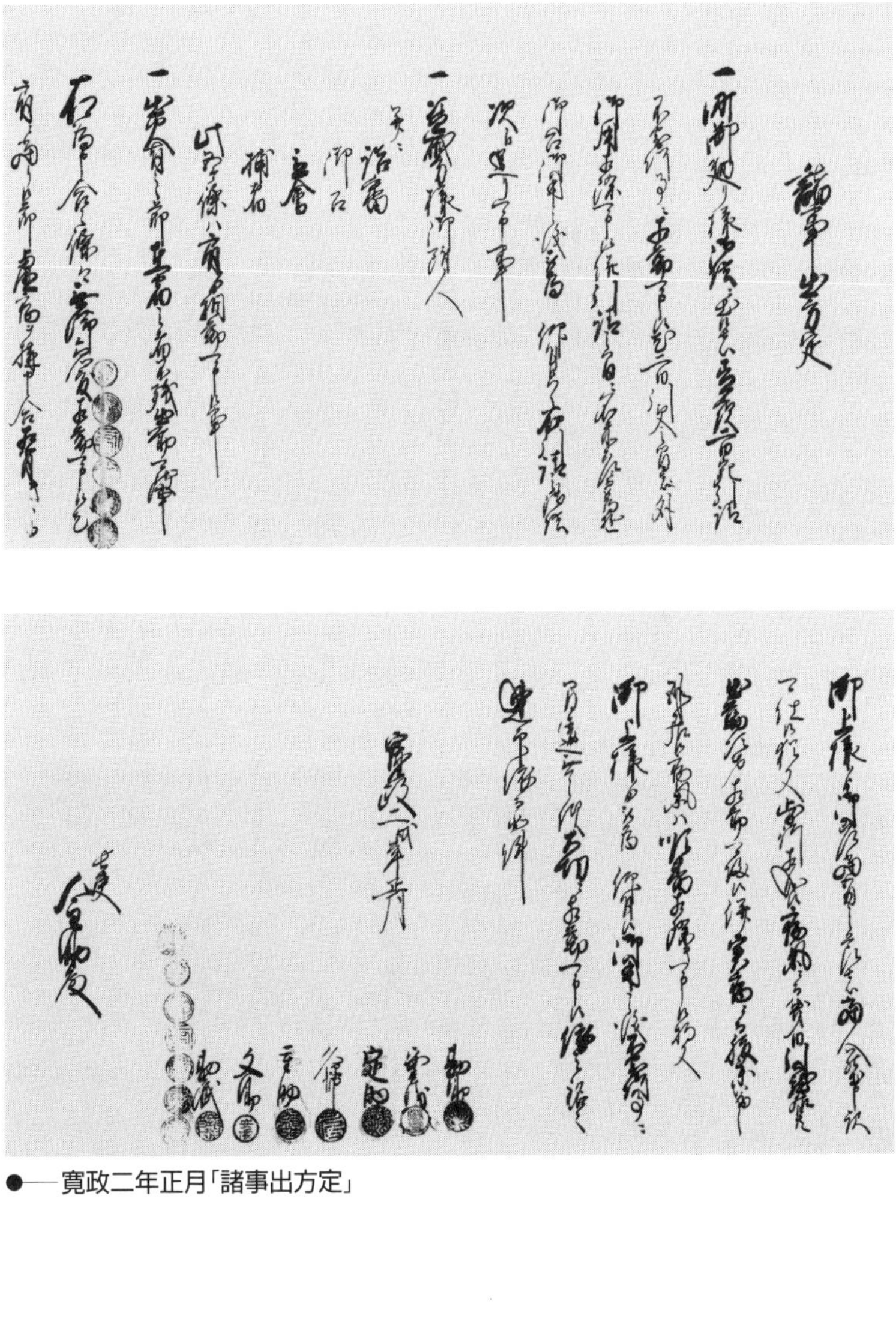

●──寛政二年正月「諸事出方定」

捕者

此五ケ条は肩より相勤め申すべく候事、

一、出火これ有る節、在宿の者残らず出勤致すべき事、

右申合わせの条々滞り無く急度相勤め申すべく候、尤も肩に当り候節、虚病を構え申合せ相背き〔察〕、御上様より御差当これ有る節は、当人罷出で、申訳仕るべく候、猶又歩行相成り候病気にて幾日引籠り居り候共、出勤次第相勤め帰るべく候、併ら実病にて服薬いたし臥居り候病気は、順番相除き申すべく候、将又

御上様より仰付けさせられ候御用の儀、何事に寄らず、間違いこれ無き様大切に相勤め申すべく候、これに依り銘々連印、依て件の如し、

寛政二戌年正月

勘　助㊞
安兵衛㊞
定　助㊞
久四郎㊞
重　助㊞

文　助㊞
勘　蔵㊞

長吏金助殿

連印しているのは小頭たちである。これによって、身分内法の第二形式が長吏・小頭らの申合せであることが具体的に理解できよう。これによると、小頭たちは、町廻り方の下での御用（第一条）と盗賊方の下での御用（第二条）をともに勤めていることが明らかである。町廻り方の下での御用が「御供」と表現されているのは、基本的な町廻りの職務が巡回だったことと照応している。この御供は、昼夜二日宛回ってくるが、この間は他の御用は除外するとある。おそらく二日間の御供は小頭らには時折に回ってくるもので、他の御用はより頻繁に（あるいは日常的に）勤めるものだったのであろう。それ故、当たった時には、町廻りの御供をきちんと勤めるべきなのである。しかし、他の御用が「名前差し」で命じられたら、御供は次の順番の者に送るとある。他の御用とは、具体的には第二条の盗賊方の御用▲と考えられるが、これは個人を指定して課されることがあったことがわかる。

▼**御用の内容**　盗賊方の下での御用五カ条のうち、詰番とあるのは、盗賊方の職務と深く関わる牢屋敷への詰番のことと思われる。

「町奉行所旧記」には「盗賊吟味役勤方覚」に続いて「役木戸長吏小頭共名前書」が収められており、盗賊方には長吏・小頭らが名前で把握されていたのである。そして名前指しされたらということではあるが、実際上は盗賊方の御用が優先されたのである。その盗賊方の御用として第二条では、御供に近いと思われる「御附人」を含めて五カ条の項目が上げられている。それぞれの詳細はわからないが、盗賊方の御用の多様性が窺われる。なお、後書きの部分で、病気などの場合の出役免除規定が触れられているが、これについては後述する。また、第三条の出火の際の出勤は、現時点ではどういう性格か不明である。

次に、身分内法の第一形式に属する天明八(一七八八)年六月の「申渡し条々」を見よう(『悲田院文書』九五)。これは、月行司四名(伊兵衛・利八・作兵衛・武兵衛)から「御仲《おんなか》」に宛てた、「当り役」についての申渡しの遵守を誓った請書である。月行司は、若き者たちから出る当番であり、ここでは若き者を代表して連印している。つまり、申渡しの内容は、実質上、長吏・小頭「御仲」から若き者たちに対して命じられたものなのである。具体的には、大病で臥せっているか、病気で囉斎《らさい》に出られないほどの者は平癒するまで「当り役」を免除するが(一条)、仮病(「少々不快の節も病気申立て、当り役相勤め申さざる旨」)は認めず(二条)、(当り役を拒否するような)「我が儘」は処罰するという「当り役」免除に関わる規定と、「御用」時の身分不相応の服装禁止(三条)や「御供」の際の不行儀な行為の禁止(五条)のような出役中の規定からなっている。

出役免除の条件は、先の小頭の請書の後書きに示されたものと同じであり、小頭たちにも若き者たちにも共通する垣外仲間の一員としての特質が窺える。しかし、ここで注目したいのは、すべての箇条が「当り役」に関わる規定だという点である。では「当り役」とは何か。第五条に「御供」と見え、また、その名称から時折に回ってくるものと想定されるので、町廻り方の下での巡回の御供と考えて間違いあるまい。若き者が連印する寛政二年四月二十二日の「申渡の事」は同じく第一形式であるが、そこでは「御廻り様御供」と表現され、若き者が勤める御用が町廻り与力の御供であることがより明白である(『悲田院文書』九七)。

天明六年のものも、寛政二年のものも、若き者の御用に関する規定には、町奉行所の町廻り与力の下での「当り役」のみ規定され、盗賊方与力の下での御用については言及されていない。この点は、寛政元年閏六月の「申渡事」でも同じである(『悲田院文書』五七)。これらのことから帰納すると、基本的には若き者は盗賊方の下での御用を勤めなかったと思われる。

身分内法のあり方から、長吏・小頭は、盗賊方の御用と町廻り方の御用をともに勤め、若き者は町廻り方の御用のみを勤めたことを抽出してきた。このことは、盗賊方の下で独自の捜査・召捕りの権限を実質上行使していたのは長吏・小頭たちであったことを意味する。長吏・小頭らは、盗賊方の下で摂津・河内・播磨さらには中国筋諸国に「他国聞合せ御用」に派遣され、在方《ざいかた》非人番《ひにんばん》▲を巻き込んで御用を遂行していくが、これに関わる寛政九年十一月の「定」(『悲田院文書』一〇〇)や寛政十二年正月の「条々」(『悲田院文書』一〇一・一〇二、ともに第二形式)を見ると、そこにも若き者は基本的に関わっていないのである。

以上のような御用の勤め方の持つ意味を、いくつかの点から考えてみたい。

御用の歴史的変化

第一には、非人たちの御用を歴史的に振り返っておこう。非人の警吏役の御用は、部分的には十七世紀中から勤めていたことは間違いない。しかし、それ

▼**在方非人番**　在方村々におかれた非人の番人。非人番のいない村もあったが、村々に一軒ずつ分散していた。摂津・河内の非人番は多くが大坂四ヶ所長吏らの支配下にあり(一部、京都悲田院年寄支配)、さらに播州の非人番も支配下においた。なお泉州の非人番は堺の四ヶ所の支配であった。

は先に見た十八世紀半ば以降の警吏役とは性格が異なっていたのではないかと思われる。第二章で見たように、十七世紀後半から十八世紀前半にかけて、長吏たちに野非人らの野荒らしや悪ねだりの取締りなどがゆだねられていた。この時期には、こうした非人状態の者に対する治安統制が基本であり、そうした意味での警吏役だったと思われる。しかし、その延長上により広い対象に対するものに拡張していき、一般的な意味での警吏役となっていったと思われる。その一つの画期が、第二章末に引いた延享二(一七四五)年閏十二月の毎夜長吏たちを廻らせるという町触だったのである。

さらに宝暦十二(一七六二)年七月二十七日に盗賊方の与力四人が四ヶ所長吏・小頭を召し出し、「近頃、町在共盗賊多く徘徊致し候処、四ヶ所長吏小頭共此の節心得違い居り候哉、手当行届かず、多分は相知れざるに付」として、御用の勤め方の変更が行なわれた(『悲田院文書』九四)。変更点の一つは垣外番の位置付けの変化であるが、これについては後述する。もう一つは、盗賊などの情報があれば盗賊方に届けて指示を受けて動いていたのを、それでは手遅れになるので、手配をした後に盗賊方に届けることにしたことである。この時点で、すでに盗賊の探索・召捕りの重要部分を長吏・小頭らが担っていたことがわかり、さらにこの変更が彼らの独自の行動の権限が広がる契機となったことが想定される。

十九世紀初め（文化八（一八一一）年頃）に書かれた「手覚《ておぼえ》」▲は、摂河村々の番非人が四ヶ所長吏の下で御用に動員され、その重い負担が村々に転嫁され困っているので、それを軽減するために現状を調査したものである。これによれば、宝暦年中を基点に当時にいたる御用負担の激増が説明されているが、ここには、勤め方の変更が加えられた宝暦年中頃から御用の比重が高まっていったことが反映している。盗賊方から、長吏・小頭らが「他国迄聞合せ等」に派遣されるのも、以前は播州路へ年に一、二度あるかないかだったのが、近年（ここ二、三年来）回数も増え、中国・四国・西国・北国路・伊勢路・美濃路へと広がっているという。これは、「町奉行所旧記」に見られた盗賊方の職務の拡張とも連動していたであろう。こうして、十九世紀に入るとその比重はさらに増していったと思われる。

▼**手覚**　「手覚」の筆者は不詳であるが、内容からは十九世紀初めに町奉行所内の者が書いたと思われる。なお、本史料は『部落解放』五に翻刻されている。

盗賊方の御用と若き者

第二には、若き者の立場という点である。若き者たちは町廻り方の御用は勤めたが、盗賊方の御用に直接動員されることはなかった。しかし、盗賊方の職務・機能とまったく無関係であろうか。

宝暦十二(一七六二)年の御用の勤め方の変化の一つに垣外番の位置付けがあった(『悲田院文書』九四)。具体的には「向後は町在共垣外番へ申付け置き、盗賊這入り候趣聞付け次第、その家え密に参り、聞合せ、少しにても様子相分り候はば、直に方角の長吏小頭え申達」するようにと言われている。これによって、垣外番が盗賊方に関わる情報収集の末端に正式に位置付けられたのである。そのため、それまで垣外番のいなかった町にも、「随分確か成る者」を選んで置くことを求められた。垣外番は、市中に散在していたわけだが、情報収集にはその方が好都合である。それ故、盗賊方の下での直接の出役ではなく、長吏・小頭への情報収集役として盗賊方の犯罪捜査・捕り物の職務遂行を末端で支える方が、その存在形態からも合理的である。その意味で、垣外番は盗賊方の犯罪捜査・捕り物の職務の末端に機能的に包摂されたと言えるのである。垣外番については、ふつう若き者の弟子が雇用されたと言われている。しかし、ここでの垣外番機能の担い手はむしろ若き者のことだと考えるべきである。

　その根拠を述べるためには、ここで垣外番について若干説明しておいた方がよかろう。市中の町には、若き者など小屋持ち非人の弟子が垣外番として置かれていた。大店などでは個人で垣外番を置くことも見られた。では、垣外番の役割は何か。船場に位置する高麗橋《こうらいばし》三丁目の「町内定▲」(文化九(一八一二)年)では、町代《ちょうだい》▲から町内垣外番に「非人政〔制〕道▲」を油断なく行なうように常々きちんと申し渡すよう指示されている。また堀江地域の白髪町《しらがまち》の垣外番人への申渡し▲(文政五(一八二二)年)でも、非人乞食を町内へ入れないことを第一とし、付随的に夜番にもあたることが指示されている。これらに示されているように、垣外番の仕事の中心は、野非人らの悪ねだりの取締りであった。

　もう一つ注意しておきたいのは、その町へ垣外番として弟子を派遣する権利＝垣外番株は若き者が所有していた。それ故、町・町人の方からは株主である若き者が垣外番と呼ばれ、その弟子で町に派遣されている者が若者と呼ばれることがあった。高麗橋三丁目、白髪町の例でも垣外番と呼ばれていたのは若き

▼町内定　本史料は三井文庫に所蔵されている。

▼町代　近世大坂において町から雇用されて、町の庶務を行なった。本来、町人の代表たる町年寄の下で実務を担うべき存在であったが、後期には町代に任せっきりの状況も見られた。

▼非人制道　非人の支配・統制のこと。ここでは具体的には外からはいってきた(野)非人の悪ねだりを取り締まることを意味している。江戸では「制道」と書くが、大坂では「政道」の文字を用いることが多い。

▼白髪町の垣外番人への申渡し　本史料は大阪府立中之島図書館に所蔵されており、図書館の目録では両国町の町式目とされているが、実際は白髪町のものであることは内田九州男氏・岡本浩氏が指摘されている(内田「大坂四か所非人について」、岡本「近世後期における町と住人」)。

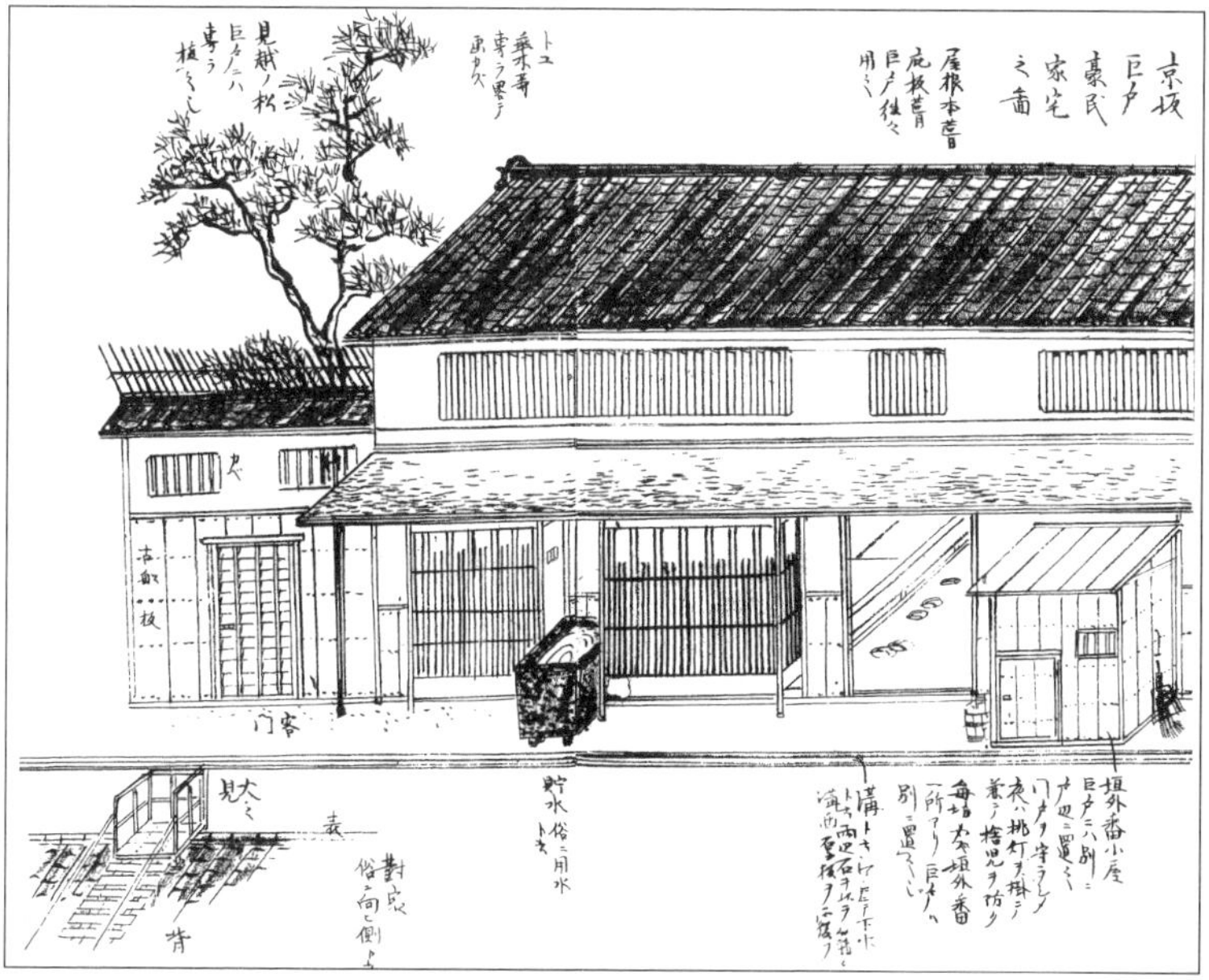

●──垣外番小屋　これは京坂の大店の家宅の図であるが、家の前の小屋の説明として「垣外番小屋、巨戸ニハ別ニ戸辺ニ置之、門戸ヲ守ラシメ、夜ハ挑灯ヲ掛テ兼テ捨児ヲ防ク、毎坊必ズ垣外番一所アリ、巨戸ハ別ニ置之也」とある。

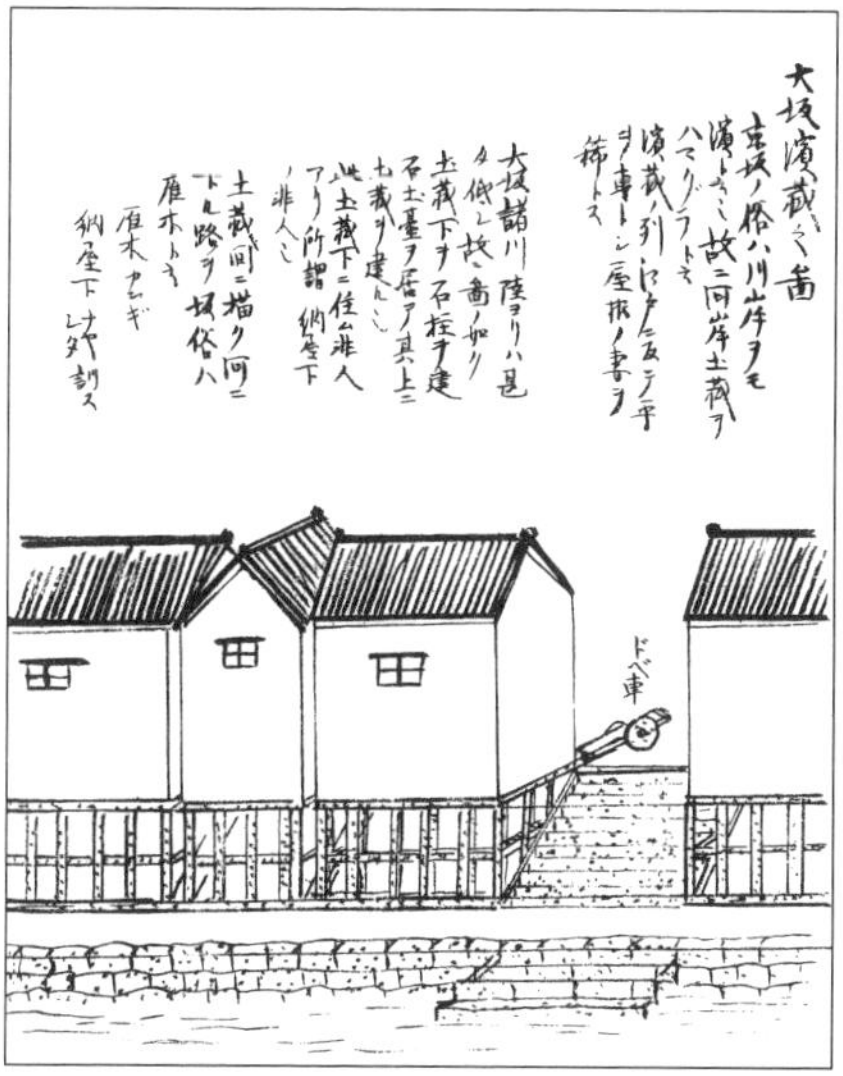

●──納屋下非人　これは大坂の浜蔵の図であるが、その説明に「大坂諸川陸ヨリハ甚タ低シ、故ニ図ノ如ク、土蔵下ヲ石柱ヲ建、石土台ヲ居テ、其上ニ土蔵ヲ建ル也、此土蔵下ニ住ム非人アリ、所謂納屋下ノ非人也」とある。

▼**呼称の逆転**　実際の例は七〇ページの頭注参照。

者たちなのである。そこでは、垣外内部での若き者と垣外番の呼称と逆になるのである。このような逆転が生じるのは、〝若き者〟という呼称が、老若という表現からわかるように、上下関係の下位の意味を帯びているからである。すなわち垣外における若き者が長吏・小頭に対しての〝若き者〟呼称なのに対し、町・町人からは抱え主に対する弟子をそう呼んだからである。▲

呼称の点はさておいて、町・町人との関係で言うと、垣外番という存在は、垣外番株を所有する若き者と町に派遣されたその弟子という二重の関係を内包していた。このような垣外番がどのようにして定着してきたのか、筆者の仮説を提示しておこう。垣外仲間の非人たちは、本来、乞食＝勧進で生きていたが、徐々に各町と出入りの関係を形成していったと思われる。一方、野非人たちも浜側の納屋下や軒下・橋下に住み着くようになっていった。それは市中から排除していくというのが原則であったが、その一部が長吏・小頭や若き者の弟子として市中に垣外番として残されることになったのではないか。

つまり、町ないし町人との勧進の関係を恒常化させた若き者らが、その出入りの関係を権利化する一方、町に対しては他の非人の悪ねだりを排除する役割

（垣外番の機能）を請負うこととなるが、その実務をゆだねることで、付近に定着しつつあった野非人の一部が弟子として存在することを許容したのである。ここに垣外番株所有者の若き者と、そこに派遣された弟子の垣外番という二重の関係が生まれたのではないか。その形成過程の一端は、中之島の米問屋から番に雇われる見返りに貰いを独占することを、「前々の者」に限って認めてほしいと願った宝永六（一七〇九）年三月の手形に窺える（『悲田院文書』五〇）。

以上の仮説の立場からは、垣外番株所有者の若き者たちがその出入りの町に始終出向き、「非人制道」などの町用を達していたのも当然であろう。また、垣外番は本来的には勧進の問題を契機に個別的な関係として形成されていったと考えられる。

しかし、こうした垣外番の本来的あり方に、盗賊の探索・情報収集の機能・役割を付加したのが、先に見た宝暦十二年の措置なのであった。これにより垣外番の制度化が著しく進む。そして、若き者をここでの垣外番の機能の担い手として考えるべきことの根拠ともなり、また盗賊方に機能的に包摂された垣外番＝若き者の状況をよく示しているのが、文化十一年四月の天王寺垣外の若き者が連印で長吏・小頭に提出した箇条請書（身分内法の第一形式）である（『悲田院文書』六四）。

箇条請書は、若き者たちを行為の主体とした規定全八カ条からなっている。第一条では、みずからが垣外番の町で、主人・親に手傷を負わせたり、放火を見聞きしても、逃亡しないよう隣町の垣外番に見張らせておき、長吏・小頭に伝えに帰るよう指示されている。その上で、もし緊急事態の際に番小屋に身柄を拘束することがあっても、町内会所▲に引き入れることは厳禁している。これから、第一に若き者が現地の町に出向いていることが明らかである。第二には若き者が独自の判断で行動することは制限されており、情報収集に主眼があることがわかる。

第二条は、百姓・町人と無宿での取扱いの違い、第三〜六条は、基本的に権柄がましきこと、身分不相応なことを慎むようにというものであるが、いずれも垣外番としてのあり方に関わる規定である。注目されるのは第七条である。そこでは、若き者が弟子を抱える時には、十分吟味して「墨《すみ》入《い》れ御《お》払《はら》ひ付の者▲等」を抱えないように、弟子の召抱えは小頭の当番に届けることとしている。

▼町内会所　三郷の各町内には、町の寄合を行なったり、町に雇用された町代が執務する施設＝町会所が設けられるのが普通であった。史料中の町内会所はこの町会所のこと。なお、町会所に引き入れてはならないとあることから、垣外仲間の方では、犯罪捜査・捕り物という点では町との関係をできるだけ避け、みずからの職分として自律的に行動しようとする意識があったものと思われる。

▼墨入れ御払ひ付の者　犯罪を犯し、入墨刑や追放刑に処された者のこと。

弟子は（垣外番として派遣され）勤めている町内の仕事を大切にし、町人に無礼が無いように、また怪しい者がいても容易に小屋に引き込んではいけない等の点を若き者から厳しく申し付けるように指示している。末尾には、弟子に不束《ふつつか》があれば、「株主迄も」処罰するとある。

これらの箇条には、盗賊方の機能の中での若き者と弟子の関係がはっきりと示されており、若き者は垣外番株を持つ町に弟子を垣外番として派遣するだけでなく、みずからもそこに出向き番に当たっていたのであって、若き者を垣外番と呼んで何らおかしくない状態であった。なお、この箇条書の第八条は、当り役に出た際の神妙な行動、衣類の規定である。以上の規定全体において、若き者の垣外番としての立場、町廻り方の御用を勤め、盗賊方の御用を勤めないことが表現されている。

盗賊方とのパイプ

第三に、長吏・小頭らが盗賊方の御用を勤めることが、垣外仲間のあり方に及ぼした影響について考える。次章で後述するが、盗賊方与力らは四ヶ所長吏・小頭らを呼び出し、勧進のあり方など御用とは関係のない問題でも仲間の取締りを命じている。また、垣外仲間の者たちは自分たちの要求を実現しようとする時には、しばしば盗賊方与力に対して出願している。たとえば、寛政八(一七九六)年に天満垣外の非人の処罰に際し、代官所がえた身分の役人村年寄に引き渡そうとしたのに反発し、四ヶ所長吏たちは前例がないとして町奉行所の盗賊方に出願している(『悲田院文書』三)。そのさいの願書には、それまでに盗賊方に由緒書を提出した前例を、明和五(一七六八)年九月、同八年四月、安永五(一七七六)年九月の三回上げている。これによって、彼らが盗賊方の御用を勤めることで作られたパイプに依存してみずからの利害を貫徹しようとしていたことがわかる。非人組織や非人にとって、盗賊方の下での御用と町廻りの下での御用では意味がまったく異なっていたことがわかる。

十九世紀に入ると、町奉行所の手先の御用を勤める役木戸・長吏らが横暴を働き、町人らの迷惑が高じてくる。そのため、彼らの手先としての横暴▲を禁じる町触《まちぶれ》が繰り返し出されるようになる。こうした町人たちとの矛盾は、町廻りの御供でも生じかねないが、主要には犯罪捜査・召捕りの独自行動を認められ

▼**手先としての横暴**　この点は拙稿「三都の非人と非人集団」(『歴史学研究』五三四、のち拙著『近世日本身分制の研究』兵庫部落問題研究所、所収)に紹介している。

ていた盗賊方の下での御用でこそ生じたのではないか。だとすると、手先としての横暴が町人たちとの間で問題化する時も、その中心は長吏・小頭たちにあったことが想定される。一方、若き者たちは、垣外番として各町や町人と恒常的な出入り関係をつちかっており、町人たちとの利害の共通性も見出しうるのである。

以上、町奉行所のどういう部署のどういう御用を誰が勤めるのかという視点から、大坂の非人たちの御用を整理してきた。それは垣外仲間の変容の結果であり、また、その組織構造と密接に連関していた。彼らにとって盗賊方の下での御用が大きな意味を持ったが、それは町人たちとの矛盾のあり方とも関わっていたのである。

⑤——非人の勧進

勧進の二形態——定式勧進と吉凶勧進

十七世紀中には、四ヶ所垣外の者たちは「乞食」とか「貧人」とも表現されており、彼らは、乞食＝勧進によって生命を維持しなければならなかったが、徐々に特定の町内を勧進する権利が固定していき、その秩序を垣外番株として四ヶ所の小屋持ち非人たちで分割所有する体制が成立したことは、先述した。

内田九州男氏は、道修町《どしょうまち》三丁目に残された明治四(一八七一)年の「四ヶ所へ壱ヶ年是迄遣し物」を引いて、町と非人との間の金銭授受のあり方を、(A)布施米、(B)奉加もの(四ヶ所札)、(C)垣外番賃、(D)吉凶祝儀の四種類に整理している。▲(A)(C)は町単位のもの、(B)(D)は一軒単位のものである。道修町三丁目では、(B)の奉加もの(節季候《せきぞろ》・大黒舞《だいこくまい》・鳥追《とりお》い)▲が、(C)垣外番賃の二倍以上である点は注目される。非人の勧進には、季節々々に定期に家々を廻るもの(以下、定式《じょうしき》勧進と呼ぶ)と、婚礼などの吉事や葬式・法事などの凶事がある家を廻るもの(以下、吉凶《きっきょう》勧進と呼ぶ)の二つを区別することが必要である。▲

▼**四種類の米銭高**　各項目の米銭高は、次の通りである。
(A)米九斗　布施米
(B)銭七〇貫八〇〇文　節季候・大黒舞・鳥追いそのほか奉加もの四ヶ所へ遣し高
(C)銭三五貫文　垣外番賃(夜番賃除く)
(D)銭六貫四〇〇文　吉凶祝儀四ヶ所へ遣し高
(内田九州男「近世非人論」『部落史の研究　前近代篇』二三〇〜三一ページによる)

▼**節季候・大黒舞・鳥追い**　四ヶ所札には、節季候・大黒舞・鳥追いが列記されている。奉加ものの具体的な内容は、これらの宗教的民俗的名目によるものであった。

▼**江戸における非人の勧進**　江戸においても非人の勧進は定式勧進と吉凶勧進の二つに分けられる。

(C)垣外番賃は、筆者の理解では定式勧進の疎外態と考えているので、(A)~(C)は定式勧進とその延長上のもの、(D)は吉凶勧進そのものと言える。

以下、非人の勧進について、身分内法を軸に見ていきたい。

吉凶勧進の論理と実態

まず、吉凶勧進の論理と実態を考える。本源的な非人の姿と近世中期以降の姿には少なからざる変容があったのであるが、四ヶ所の勧進についての申合せなどを見ると、垣外番株による勧進権の分割独占を正面からは肯定していない。ここには本源的な非人としての論理が保存されていると見做《みな》すことができるのではないだろうか。寛政四(一七九二)年十一月、非人の悪ねだりを禁じる町触《まちぶれ》が出されたが、それに関する町奉行所盗賊方からの調査を受けて、四ヶ所として吉凶勧進についての申合せを行なった(岡本良一『乱・一揆・非人』柏書房、五〇~五三ページ)。天王寺垣外の若き者たちは、この申合せの遵守を誓約している(法の第一形式)が、これらは、若き者たちを含めた垣外仲間の者たち全体が守るべきものであった。

具体的には、①囉斎《らさい》(勧進)を受けるケースとして、町年寄就任、普請棟上、結納婚礼、帳切《ちょうぎり》▲・名前替、死去・年忌法事、宮参り《みやまい》▲等々全一六カ条を列挙し、この他に「祝儀不祝儀」を申し請けることは禁ずる、②祝儀志があることを聞き付けて、四ヶ所若き者一人がその家にはいり、勧進を願ったならば、他の者は行なってはいけない、③囉斎に行く時は木札(身元証明)を持参せよ、もし「先様」より「町内え参り居り候番の者」を呼ぶように言われたら、木札を預けて「町番の者」と立ち会い、祝儀を受け、二割を「町番の者」に渡し、八割を最初に聞き付けた者の取り分とすることを決めている。

以上を原則としつつ、年寄成り《としよりな》▲、角力勧進元成り《すもうかんじんもとな》▲、傾城《けいせい》・茶立女請出し《ちゃたておんなうけだ》▲の場合(これらも一六カ条に含まれている)、異なるやり方を規定している。〃年寄就任(年寄成り)の際には、四ヶ所から若き者一人ずつ立会いで祝儀を申し受けに出向いていたが、嵩高《かさだか》なので以後は「町内え参り候もの壱人」と三ヶ所から一人の二人で行くように、事前に四ヶ所(会所)に届け、四ヶ所としての請取書を渡すように〃と規定している。〃角力勧進元成りの際も、事前に四ヶ所(会所)に届け、四ヶ所立会いで祝儀を貰う〃との規定である。〃傾城・茶立女請出しを聞き

▼帳切　近世の大坂では、各町単位に家屋敷の所持者を記した「水帳」と呼ばれる帳面が作られた。売買などで、その家屋敷の名義人が変わると水帳の切り替えが行なわれる。これが帳切である。ここでは家屋敷を取得したことを意味する。

▼宮参り　子供の成長の節目に行なわれる宮参り。参詣の道すがら悪ねだりされるのを防ぐため垣外番弟子を同道することが見られた。

▼年寄成り　町年寄に就任すること。

▼角力勧進元成り　相撲興行の勧進元となること。

▼傾城・茶立女請出し　傾城は遊女のこと。茶立女は、茶屋において遊女商売を黙認された者。これら傾城・茶立女を身請けすること。

付けたら、四ヶ所（会所）に届け、四ヶ所月番と立会いで祝儀を貰い、一歩（一〇パーセント）は最初に聞き付けた者に渡し、残りは四つ割にし、四ヶ所に配当する、請取書は四ヶ所から出す〟とある。

これらの三カ条は請取書を四ヶ所から出すことからわかるように、他の箇条と違い四ヶ所として請取ることがより明白である。但し、三カ条のうちでは、年寄成りは「町内え参り候もの」が優先されているように、その年寄が就任する町により深く関わる祝儀であるが、角力勧進元成りは三郷全体にわたる意味合いの祝儀であり、傾城・茶立女を請出すことは、三郷に関わる出来事としてではなく、より大きな負担（祝儀）を求め得るものとして考えられていたのであろう。

最後の箇条で、これらの取決めをしたので、今後、宮参りの際、「町内え参り居り候弟子共」を御供に連れて行くことは無用であると規定している。今回の取決めにより、悪ねだりが無くなるはずなので、それを防ぐための垣外番弟子を連れて行く必要がないというわけであろう。

申合せの内容は以上の通りであるが、多くの町では吉凶の際に、旦那―出入関係にある垣外若き者（すなわちその町の垣外番株所有者）に与える額まで規定しているので、実際には出入りの垣外若き者が最初に聞き付けたということで処理されていたのではないかと想定される。しかし注目したいのは、この申合せでも「町番の者」の存在を尊重しているし、垣外番株の売買等は「御仲《おんなか》」の株帳面を切り替えてもらう必要があったことに示されるように、垣外番株は四ヶ所の中で公認されており、それが実質上の勧進権であるにもかかわらず、この申合せの論理では、祝儀不祝儀を最初に聞き付けた者に権利ありという規定になっていることである。そこでは、四ヶ所のうち、どの垣外の者であるかは問わないということなので、大坂市中での勧進は四ヶ所に対しては平等に開かれ、四ヶ所以外に対しては閉じられているのである。これは、都市大坂の成立過程とパラレルに形成された大坂の非人集団（四ヶ所垣外）の本来のあり方が四ヶ所の論理として定着し、容易には否定しがたいものとして生きていたことを示すものであろう。

以上のことは、安永四（一七七五）年の「四ヶ所申合せ」（『悲田院文書』五二）でも見てとれる。ここでは、「御当町御旦中方《おだんちゅうかた》」で祝儀仏事などの他、新法の貰い

▼町ごとの規定　一例をあげると、道修町三丁目の「垣外番権七幷に若者重助え吉凶その外遣し物取究め権七より一札」（慶応四〔一八六八〕年五月、大阪府立中之島図書館蔵）などがある。なお、ここで「垣外番権七」とあるのが、天王寺垣外若き者の権七であり、「若者重助」はその弟子である。前章（六〇ページ）で、垣外内部と町とで若き者と垣外番の呼称が逆になると述べたことの実例である。

▼垣外番株の売買での株帳面の切り替え　「悲田院文書」には寛政二年七月に「売買の節双方より届出帳切致さるべく候」との申渡し（一〇八・一〇九）が残されており、また、多くの実例がある。この点、拙稿「身分制の構造」（『岩波講座日本通史』一二、のち拙著『近世身分制と周縁社会』東京大学出版会、所収）も参照。

方を申し立ててはいけない、何事であろうと「前日に仕切貰」いは決してしてはいけない、常々出入りの方は言うまでもなく、すべて「御旦中方」へ不礼の無いことは勿論、番人に不似合いな目立つ姿をせず囉斎するように、と決めている。そして、これまでの仕切貰いは咎めないが、今後多少によらず仕切貰いをすれば、四ヶ所申合せにそって咎を申し付けると言い添えられている。

これまでの仕切貰いは咎めないというのだから、これ以前には仕切貰いが行なわれていたことがわかる。▲仕切貰いとは、祝儀仏事などのある前日に祝儀志を貰い受けてしまうことである。ここで当町旦中方で勧進をすると想定されているのは、その町内の垣外番株を所有している非人だと考えられる。一つには、「当町」と特定の個別町が想定されているからであり、二つには、そこでの非人がその町に対する番人であるとされているからであり、三つには、何より前日に貰うことができるのはその町内に日常的に出入りしている非人と考えるのが妥当だからである。

以上のように考えると、ここで行なわれた申合せは、垣外番株が実質的な勧進権となっていたのを、原理のうえでは否定したということである。これが原

▼江戸の仕切貰い　江戸においても「仕切」と呼ばれる貰い方があったが、これは、その町内を勧進場としている非人小屋頭だけに一定の米銭を与え、他の非人の勧進を排除してもらうという関係のことであった。この点、後述（九二ページ）。

理的に否定されなければ、寛政四年の最初に聞き付けた者が貰うことができるという規定は意味を持たない。もちろん実質的には町内に出入りする垣外番＝若き者が勧進を確保することは変わらなかったではあろうが……。

定式勧進の論理と実態

次に、定式勧進の論理と実態について見ておこう。

大坂においては四ヶ所札▲と呼ばれる札があった。そこには、節季候・大黒舞・鳥追いが列記され、その祝儀として四ヶ所の若き者が銭何百文を確かに受け取ったというもので、四ヶ所として差し出すものであった。「守貞謾稿《もりさだまんこう》」▲には「今世大坂にては、四ヶ所長吏部下の者得意の町あり。その中以上の民戸より銭四、五百文与ふ時は、下図の札を報ふ。これを戸内見やすき壁・柱等に張る家、他の者来て銭を乞はず」（『近世風俗志』1、三四七ページ）とある。「下図の札」▲とは、先の四ヶ所札に他ならないが、特定の非人の勧進に応じて四ヶ所札を貰い、それを張っておくと他の非人は勧進に来ないというのである。高麗橋《こうらいばし》三丁目の「町内定」（三井文庫蔵）には「大黒舞は日々用相勤め候番一人斗、右の外一切

▼**四ヶ所札**　次ページ参照。

▼**守貞謾稿**　「守貞謾稿」は喜田《きた》川守貞《がわもりさだ》が江戸と上方（大坂を中心に）を対比しつつ、都市の生活・風俗を詳細に記述した随筆集。これまでに『守貞謾稿』『近世風俗志』という書名で、何度か活字や影印で刊行されている。現在、岩波文庫で『近世風俗志』全五巻（宇佐美英機校訂）として刊行中。本稿には、岩波文庫から引用する。

▼**下図の札**　次ページ下の写真。

●四ヶ所札

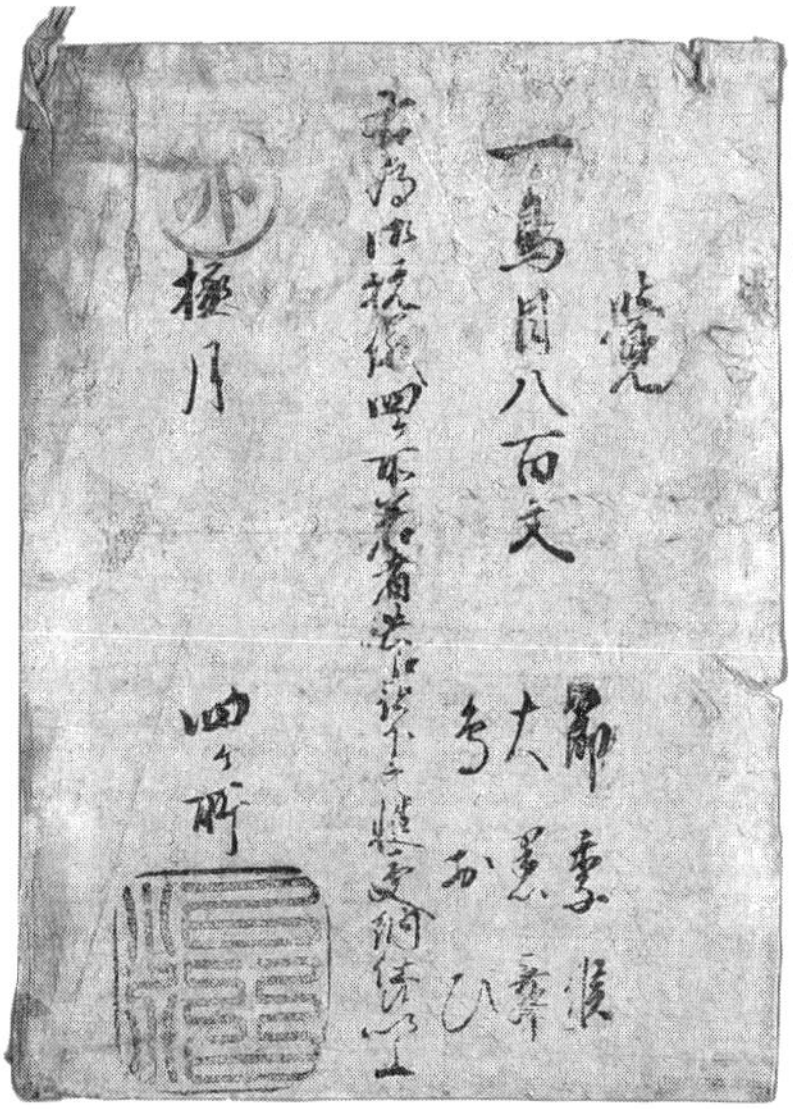

覚

一、烏目八百文　節季候
　　　　　　　　大黒舞
　　　　　　　　鳥おひ

右為御祝儀、四ヶ所若者共江被下、慥受納仕候、以上

極月　四ヶ所印

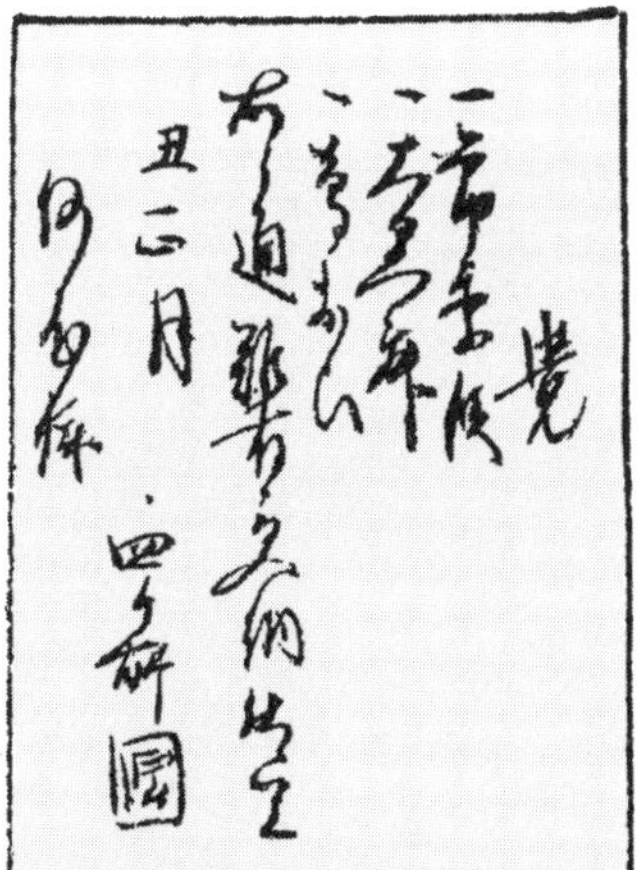

覚

一　節季候
一　大黒舞
一　鳥おひ

右之通難有受納仕候、以上

丑正月　四ヶ所印

何屋様

●—大黒舞

▼門付芸能　町・村の各家の門口を廻っていささかの芸能を行ないながら勧進する行為。

遣し申す間敷候」とあり、「得意ノ町」とは、垣外番を勤める町のことであり、実質的には垣外番株を持つ者から四ヶ所札を渡すことが普通だったと思われる。

しかし、前ページの史料の差出人の部分を見ればわかるように、四ヶ所札の発給者は実際に金銭を受け取る若き者ではなく、あくまで「四ヶ所」なのであった。これは、その町内で垣外番株を持つ若き者が実質的に勧進を独占しているにもかかわらず、勧進権としては公認されていないことを意味し、定式勧進においても、四ヶ所として請取書を出した吉凶勧進と同じ関係が潜んでいることが窺える。

享保十九(一七三四)年十二月十八日、天王寺垣外の若き者らが悲田院会所(天王寺垣外の「御仲」と実質同じもの)に対して、節季候《せきぞろ》のやり方に関する申渡しへの請書(第一形式)を提出している(『悲田院文書』五一)。「毎年節季候ニ罷り出で候者共」は神妙に廻ること、具体的には、くわえ煙管《きせる》、喧嘩口論、旦中《だんちゅう》への悪口・不満、大勢での連立ちを禁ずるという内容である。ここからは実際に大黒舞に廻る若き者がいたことが想定される。多くは門付芸能《かどつけ》▲としての実質を失い、その町内の垣外番から四ヶ所札を渡されることで名目化していた。しかし、実

●節季候

▼袋持　袋は勧進物を収納するためのもの。「袋持」はその勧進物の持ち運びのこと。

際に大黒舞《だいこくまい》に廻る者がいる以上、垣外番株で原理的にすべての勧進権を分割してしまうことはできなかったのであろう。

若き者が節季候・大黒舞に実際に廻っていることが窺える事例が二つある。寛政三(一七九一)年正月三日、天王寺垣外の若き者清八は酒に酔って「大黒舞御伏せ札」のある家に行って祝儀を乞い、その上過言を吐いたとして「居村の者」預けとなっている(『悲田院文書』六九)。この清八が必ずしも節季候・大黒舞に廻っていたと断定はできないが、正月三日なので定式勧進を求めたものであることは間違いない。「大黒舞御伏せ札」は先の四ヶ所札に他ならないが、この事例から、四ヶ所札のあるところで囉斎を禁じる内部規範を仲間として保持していたことがわかる。

寛政六年十二月二十一日、天王寺垣外の若き者文治郎と小四郎の二人は節季候に廻り、松屋町九之助橋筋西へ入北側油屋渡世の家で仲間作法に違反する祝儀の貰い方をしたとして、四ヶ所仲間「御払」に処せられた(『悲田院文書』七四)。この時、二人に「袋持《ふくろもち》▲」に雇われていた千代松は、「袋持」なので表にいて中の様子は知らなかったということで処罰を免れた(『悲田院文書』七五)。袋持ちを雇ってまで節季候に廻っていることから、この場合、垣外番株を持っている町だけを対象としたものではないことは明らかであろう。また、千代松は年行司文右衛門支配下と肩書されており、若き者ではなく、弟子層であると見られる。ここから実際に節季候・大黒舞を行なうのは若き者層であり、弟子にはその権利はなかったと思われる。これは、享保十八年の請書に連印しているのが若き者だけであることとも照応している。

垣外仲間の論理と町の論理

以上、身分内法を主な素材として、大坂の非人たちの勧進の論理と実際を見てきた。そこでは、町人と非人との認識にズレのあることが注目される。吉凶勧進においても、定式勧進においても、垣外仲間の論理においては、四ヶ所若き者たちに開かれ、それ以外には閉じられていた。もちろん垣外番株は垣外において公認され、垣外番株所有の若き者の実質的な優先権も認めていたが、あくまで勧進の論理を保持していた。それに対して、町の論理は、町式目《ちょうしきもく》▲などに規定している例にも見られるように、出入りの若き者（＝垣外番株所有者）だ

▼**町式目**　近世の町は町人（家持ち）を正規のメンバーとする団体の性格を持っていたが、その団体としての運営のために独自の掟・規則を定めていた。これが町式目である。

けに祝儀を与えることが一般的であったと考えられる。町に派遣されている垣外番弟子に渡される場合もあったが、あくまで町との関係で当事者能力を持つ主体は、垣外番株所有の若き者であった。そして、町・町人と非人集団の形成する社会関係は、これら両者の異なる論理の交錯するところに存立していたのである。

このような町・町人と垣外仲間の社会関係の接点に位置したのが、垣外番であった。その概要は前章で述べたが、寛政四(一七九二)年の四ヶ所申合せの契機となった町触によって、その「接点」の意味について補足しておきたい(寛政四年十一月三日付口達触)。そこでは、大坂の町家の者たちの「吉凶幷に宿替え又は年回法事等」の際、「非人共大勢その所え寄集り」物を乞うので、身上相応に「祝い物或は志」を渡しても立ち去らず、過分の「酒飯鳥目等」を乞い取ったり、小児の宮参り・髪置きなどで、神社寺院へ参詣の際も、「途中に於いて非人共取囲み、押て鳥目乞取」るというような悪ねだりの状況を列挙した後、これらは「町内に兼て雇置き候非人番取鎮め方差計ひ不行届き故」であり、この度、長吏たち(「その頭の者」)へ厳しく申し付けたので、町人たちも気を付け、見当たり次第追い散らし、手向かえば月番の町奉行所へ召し連れよとある。

時期の点でも、また内容の照応という点でも、先に引いた四ヶ所申合せが、この町触を受けたものであることは明白であろう。町人たちにとって非人番＝垣外番を置くことは非人たちの悪ねだりを防ぐことが目的だったことが明らかである。一方、垣外番株を持つ若き者のその町への定着は町内での勧進の独占の意味を持ち、そこにその町と出入りの非人の間に利害の一致が見られる。この文面を見ると、悪ねだりを行なうのは、新非人・往来非人など垣外仲間外の存在が中心であろうと思われるが、その町への出入り以外の若き者なども含まれていたのではなかろうか。それ故、先の申合せで、垣外仲間外には閉鎖し、垣外仲間内の勧進の秩序を整備する形で悪ねだりを無くそうとしたと考えられる。勧進をめぐる町・町人との矛盾は、出入り以外の若き者らとの間にも存在したのである。

最後に一点、先の申合せの最後の箇条に、宮参りに垣外番弟子を連れて行くのは無用とあった点に触れておきたい。これもこの町触を受けていることは明らかであるが、申合せの条文で勧進を受ける主体としての「町番の者」＝「町内

▼**往来非人の悪ねだり**　新非人・往来非人が悪ねだりの中心であったことは、例えば、明和七（一七七〇）年十月二十三日の町触で、「往来非人共町々に於てねだりがましき儀を申掛け」などと言われていることに窺える。

え参り候もの」と、宮参りに連れて行く「町内え参り居り候弟子」が書き分けられていたことが注目される。ここには、垣外番をめぐる若き者と弟子の二重の関係が示されていると考えられるのである。

⑥―近世社会と大坂の非人の特質

家督家屋敷の所有主体へ

ここまで、大坂の垣外仲間のあり方を具体的に見てきたが、もはや紙幅もあまり残されていない。以下では、第一には、大坂の都市社会の中で、第二には、江戸との比較においてという二つの視点から、大坂の非人集団の位置を概括的に見ておきたい。

まず、変容した大坂の非人の特質を示す一つの史料から見ていこう。享和四（一八〇四）年正月に天王寺垣外の老分《ろうぶん》弁助、年行司《ねんぎょうじ》小八、月《がち》行司忠七・治兵衛・徳兵衛・庄八から「御仲《おんなか》」（長吏・小頭）に宛てて出した願書が残されている（『悲田院文書』一〇三）。差出人の老分・年行司・月行司は若き者の中の肩書・役職なので、この内容は実質的には若き者層全体の要望である。

この願書の冒頭には「一、当所仲間家数先年は凡百弐拾軒斗りも御座候所、当時は七拾軒斗りニ相成り、右の内出役又は家並銭出し候者五拾軒斗り、残り廿軒は代役定人亦は後家隠居家督無キ者共等にて御座候」とある。「先年」（これがいつ頃かは不明)は一二〇軒ばかりの非人小屋▲があったのが、現在は七〇軒程であり、さらにその内、二〇軒程は、「代役定人」(具体的には不明)「後家隠居」「家督無キ者」であり、「出役又は家並銭」を出す者は五〇軒程になっているという現状が示されている。

この現状を踏まえて、以下では、出役・掛り銭▲が増える一方、役を勤める軒数が減っていくと、「当所若キ者共甚だ困窮仕り候」として、次のような方向からの措置を願っている。一つは、今後「家督家屋敷等」を他の人に譲って「当所」(天王寺垣外)を立ち去った者については、その家督を譲り受けた者が、その分の「出役掛り銭」を出すようにしてほしい。それからもう一つは、「家督家屋敷等」を親類あるいは傍輩たちに預けおき、天王寺垣外を立ち去り「町家へ名前出し罷り在り候者」、それから「当所の家督」を持ったまま「外仲間」に引っ越した者などについては、召し出して「出役掛り銭」等も出すように命じてほしいということである。

以上のことから、次の諸点を指摘できる。

①若き者たちは「家督家屋敷」の所有主体であること。

▼**悲田院垣外の人口**　年不詳(七月)だが、悲田院仲ヶ間人数高四六二人(男一八五人・女一六七人／男子六一人・女子四九人)、手下非人分五六人(男二五人・女一九人／男子五人・女子七人)、新屋敷手下非人分四四人(男一九人・女一八人／男子四人・女子三人)の総計五六二人というデータが得られる(『悲田院文書』三〇)。

▼**出役・掛り銭**　町奉行所の御用への出役と家並みに割り掛けられる銭。出願しているのが若き者たちなので、出役は具体的には町廻り方の御用への出役であるが、掛り銭の額や内容は不明。

②「家督家屋敷」の所有・非所有が「出役」「掛り銭」負担の基準になっていること。

③非人が垣外から町家へ移り住み、人別を移すこともあったこと、しかし、「家督家屋敷」は預けており、また召し出すことができるのであって、垣外との関係は断絶していないこと。

④「外仲間」とは、天王寺垣外以外の三垣外を指すと思われるが、そちらへ引っ越す際に「家督」は持って行くことが可能だが、当然のことながら「家屋敷」は持って行けないこと。

ここで問題となっている「家督」とは何か。これについては、平野屋長右衛門が中嶋屋弥三郎の持っていた家督と家屋敷を預かるに際しての一札(『悲田院文書』一九)が注目される。そこでは、弥三郎は病気なので「当時町旦那並に家内世話等相成り難く候ニ付」、長右衛門がその世話を頼まれたのであるが、長右衛門は、弥三郎の本復次第、「右町旦那家屋敷共滞り無く相渡し申すべく候」と約束している。さらに後の方で弥三郎母いさと「一家惣代」元次郎が書き添えた文言では、同じことが「家督家屋敷共滞り無く相渡させ申すべく候」と表現されている。

ここからは、次の諸点が指摘できる。

①「家督」と「町旦那」が言い換えられており、「家督」はすなわち「町旦那」であること。

②「町旦那」とは、各町の町人（旦那）に出入りし、勧進する権利と考えられるが、その権利は「町旦那」の世話をすることと表裏の関係にあること。

③それ故、「町旦那」の権利は、各町に垣外番を派遣することができる権利であり、その町内で勧進することができる実質上の勧進権でもある垣外番株に他ならず、「家督」とは垣外番株のことであること。

④なお、文化二（一八〇五）年の史料（『悲田院文書』二五）にある「金兵衛家督幷に居宅屋敷共一式」という文言を参照すれば、ここでの「家屋敷」は非人小屋と敷地のことと思われること、さらにそれを「家屋敷」というふうに、市中の町屋敷と同じ表現が取られていることが注目される。

以上に見てきた家督家屋敷のあり方は、垣外仲間の特質を考える上で興味深い。第一には、勧進の局面と御用の局面の交錯という点である。垣外番株が町と町人への出入関係である町旦那という勧進と結び付く呼称で表現され、それが家督という非人の所有の中核に位置付けられている。これは、個々の若き者において、垣外番と勧進が重なっていることを意味する。かつ垣外仲間の論理において、その家督の有無が御用出役の基準になっているのであって、ここには当り役と囉斎が連動させせられていたのと同様の交錯が見られる。

第二には、すべての所有から疎外されて、貧人＝乞食として生み出された非人たちの所有主体への変容がもたらしたものである。垣外仲間の内部で家督である町旦那＝垣外番株の質入・売買が行なわれたり、頼母子講《たのもしこう》が行なわれたり、金融関係が展開していた。こうした際に垣外内部で作成される証文においては、非人たちも例えば中嶋屋弥三郎のように屋号を持ち、市中の町人たちと区別できない。なお、垣外番株の売買は、垣外内部の売主と買主の契約と「御仲」の株帳面の切替えで売買が成立し、そこに一方の当事者である町・町人の意向はまったく介在していないことにも注意しておきたい。▲

第三には、非人の所有主体への変容が持つ意味である。願書には、町家へ移り住み、人別まで送っている事例が示されていたが、所有主体への変容は一面では、こうした町家へ移り住むような経済的な条件となっていたであろう。し

▼**株の売買**　こうした一方の当事者である町・町人の意向を介在させせない株の売買は、江戸の髪結株など他の株でも広く見られ、近世社会の特質を示していると言えよう。

かし、他面では、所有主体であることが、容易には垣外仲間と断絶できない要因であったと思われる。家督＝垣外番株が得分を生み、彼らの生活の基盤でもあったわけだが、人は簡単に生活の基盤を放棄できないからである。それ故、若き者たちは勧進を継続し、それがまた彼らに対する非人という認識を存続させていくことに繋がるのである。

都市大坂と非人

以上、家督家屋敷の所有主体への変容という点に集約して、大坂の非人の特質を見てきたが、一、二の補足をしておきたい。こうした変容は、長吏と垣外仲間に、みずからを非人(野非人・往来非人)から区別し、非人を管理・統制する役割を担う存在との位置付けを強めさせていく。かつて、四天王寺と聖徳太子に結び付けた天王寺垣外の由緒▲を検討したことがあるが、その由緒の語り方の中にも、みずからを乞食＝貧人の一部に含むものから、非人の救済と統制の主体と位置付けるものに変わっていく様子を見出すことができた。このような由緒の変化は、垣外仲間の変容の反映であるとともに、変容を促進する役割を

▼**天王寺垣外の由緒**　拙稿「非人――近世大坂の非人とその由緒」(『シリーズ近世の身分的周縁3職人・親方・仲間』吉川弘文館)参照。

果たした。

非人(野非人・往来非人)の統制という側面は、垣外番の機能の中核に見て取れた。また町奉行所の盗賊方や町廻りの下での警吏役は肥大化し、長吏・小頭らは手先の御用を勤める存在となっていくが、これは非人統制の機能の延長上に展開したものであった。これらの非人統制の機能についてはこれまで詳述してきたが、救済機能については触れていない。高原溜《たかはらため》のあり方に救済機能を見ることができるので、少しだけ触れておこう。

安永二(一七七三)年六月二十日の町触で、これまで無宿の行倒れ非人は、行き倒れていた町で養生させるよう命じてきたが、町人たちの難渋となっているので、三郷より小屋建て費用などを、公儀より粥・薬代などを負担して、小屋を建てて収容するという案について、各町の賛否が求められた。この案は実現し、八月七日に、以後三郷町々の行倒れを「長吏共小屋」(高原小屋)へ引き渡すことについての請書が提出されている。行倒れ非人の救済のための小屋は、高原に作られ、長吏たちに管理を委ねられたのである。高原は元禄四(一六九一)年に新非人を収容する非人小屋が作られ、その後、病・幼囚を収容する溜とい

▼願人　願人坊主のこと。市中において種々の名目で勧進に廻る乞食坊主で、鞍馬寺大蔵院を本寺としていた。なお、彼らがみずからの行為を勧進と称していたことは、非人たちが囉斎と言っていたのと対比すると興味深い。願人については、吉田伸之「鞍馬寺大蔵院と大坂の願人仲間」(脇田修、ジェームズ・L・マクレイン編『近世の大坂』大阪大学出版会)による。

う牢屋付属施設が置かれていた場所であった。この時は、明き小屋を利用したのだが、天明三(一七八三)年十一月には、小屋を広げて新たに普請し、番人を増員することを長吏たちが願い出ている(『大阪市史』第三巻)。天明飢饉が本格化してくる時点で、高原小屋が拡張されたのである。垣外仲間の非人救済機能は継続していることが確認できよう。

大坂には、垣外仲間の非人たち以外にも勧進を生業とする多様な存在が併存していた。吉田伸之氏は、京都の鞍馬寺大蔵院末の大坂の願人《がんにん》▲仲間を研究されている。それによると、願人仲間は本組・新組からなり、「正月の鞍馬寺の札配りをはじめとし、金毘羅社・住吉社・秋葉大権現への代参などを名義として、市中家々の軒先・門先を廻り、多少の施物を乞う」存在であった。その一部(新組)には、東寺・竜光寺・壺坂寺などの勧進僧が大坂での勧進のために一時的に参加した者たちが含まれ、修験系や念仏系の乞食坊主・勧進者のグループが競合していた。天保十三(一八四二)年の「鞍馬下願人由緒書」に、「大坂住居願人共の儀、寛文年中迄変化勧進広く仕来り候へ共、配下の内心得違い不束成る作業仕り、非人等に紛れ候類もこれ有り候に付、本寺より差定申付け置かれ候」

とあるという。願人などの乞食坊主はそれぞれの名義の勧進を行ない、非人は大黒舞《だいこくまい》・節季候《せきぞろ》などの固有の勧進を独占していたわけであるが、実際には類似した行為で競合する局面も見られたであろう。そうしたことを考える時、天王寺垣外から町家に出て、鉢開きをしていた鉄心が思い起こされる。

以上に見てきたように、垣外仲間の者たちは、乞食＝貧人からは大きく姿を変えていたが、天保改革において幕藩制社会の理念化された身分認識が強烈に押し出される時、その乖離が浮かび上がらざるを得ない。天保十三年六月二十七日の町触で次のように言われている。

一、三郷端末幷に町続在方等にては、長吏下垣外番長六と唱え候非人共を、番部屋の外、町家にても寝泊り致させ候ものも、間々これ有る由相聞え、平人非人の身分階級を弁えざる仕方、以ての外不埒の事に候、右体心得違いの族これ有るより、非人共身分を顧みず、町家の者え対し、不作法におよひ候様成行き候基に付、猶又今般長吏共え厳重に取締方申し付け候間、末々の町人共に至る迄、長吏下のものと相混り候様成る心得違いこれ無き様、急度相嗜むべく候垣外仲間の者が町家へ出ることも間々見られた大坂において、「平人非人の身分階級」を峻別すべきことを命じているのである。ここには、理念によって実態を否定する方向が見て取れる。続く箇条には、「町方にて平日又は吉凶これ有り候節、見世先え罷り越し、或いは髪置・宮参等に、氏神え参詣の途中、非人共ねたりがましく申し掛け候儀これ無き様相制すべき旨、是又猶長吏共え厳重申し付け」たとある。長吏たちが非人の悪ねだりを取締ることを第一に求められているが、本来的な勧進をめぐる非人のあり方と非人身分の理念的なあり方が関連づけられていると言えるであろう。

江戸の非人と比べて

最後に、ここまで見てきた大坂の非人のあり方を、江戸の非人▲のあり方と対比して、その特質を考えておきたい。

十八世紀以降、江戸には浅草の非人頭車善七《くるまぜんしち》をはじめ四ヶ所非人頭がいたが、彼らは関八州えた頭弾左衛門《だんざえもん》の支配下にあった。江戸でも都市形成とパラレルに非人集団が自生的に生まれつつあったが、えた身分の仲間組織のもとに

▼江戸の非人　江戸の非人については、拙著『近世日本身分制の研究』(兵庫部落問題研究所)参照。

編成されていった。関東の場合、弾左衛門支配下は斃牛馬《へいぎゅうば》処理の権域である職場が編成単位となっていたが、この職場には勧進の権利も含まれており、非人たちが乞食＝勧進で生きていくためには、職場の体制に組み込まれるほかなかった。具体的には、えた身分に対して場役《ばやく》（職場内の斃牛馬の見廻りと処理の実務）を勤めることで、職場を範囲とする勧進権を認められ、職場単位のえた小頭の支配の下に非人小屋が設置されたのである。弾左衛門の直轄の職場を勧進場として安堵されたのが、浅草の非人頭車善七であり、他の三人の非人頭（品川の松右衛門《まつえもん》、深川の善三郎《ぜんざぶろう》、代々木の久兵衛《きゅうべえ》）の勧進場は、それぞれ別のえた小頭の職場を安堵されたものであった。

大坂の場合は、都市建設と並行して非人集団が形成されたことは江戸と共通であるが、えた身分による勧進権の第一次的分割は見られず、垣外仲間として独自の組織化を遂げた。十八世紀末に、天満垣外の非人の処罰に際し、えた身分の役人村年寄に引き渡されそうになった時、えたの支配下に置かれることを懸念し、激しく抵抗したことは前に触れた通りである。

江戸では、非人頭の囲内に何軒かの非人小屋が集まっていたが、ほとんどの非人小屋は市中の河岸地や寺院境内などに散在していた。大坂においては、近世初頭に垣外屋敷が除地として認められ、垣外仲間として集住し、その後に生み出された野非人・新非人は市中から排除することを原則としていた。そのため、市中には小屋持ちの非人はいなかったが、江戸では市中に小屋持ち非人が散在していたのである。

　江戸の非人たちも、町奉行所の御用を勤めていたが、その中味は溜役・囚人送迎役・牢屋役・川廻り役や御仕置役であり、警吏役は含まれていない。その点、大坂の非人の御用の中心が、町廻りの御供や盗賊方の下での警吏役だったのとは大きく異なる。しかし、江戸においても、非人状態にある者の統制（悪ねだり取締り）や救済の機能は担っており、そのための制道廻りを行なっていた。大坂では、非人統制の機能の延長上に警吏役が展開したが、江戸ではそうならなかったのである。この違いは、非人集団の都市社会の中での位置付けと矛盾のあり方に大きな違いを生んでいった。

　江戸においても、非人たちの勧進は、三日五節句▲などの季節季節の定例的な勧進（定式《じょうしき》勧進）と婚礼や葬式・法事などの際に家々を廻る吉凶勧進の二形態が

▼**三日五節句**　江戸における非人の勧進については「是迄月並三日五節句定式勧進仕り来り候」（文政四〔一八二一〕年九月非人頭車善七願書〔旧幕府引継書『両溜穢多非人』〕の一節）のように表現される。「月並三日」は毎月一日・十五日・二十八日のこと。こうした月々の定例日や五節句などに勧進に廻ったのである。

あった。そして、十八世紀後半には、町方・町人とその町内を勧進場とする非人小屋頭との間に仕切関係が結ばれる事態が広く見られた。それは、町方からは、仕切った小屋頭だけに一定の米銭を与え、小屋頭からは他の非人のねだり・勧進を排除してもらうという関係であった。特に、定式勧進に対応する月並仕切は、一年分の勧進をまとめて受け取る方式であったが、この場合、小屋頭は仕切った相手に仕切札を渡し、それを町や家の入り口に貼っておくと他の非人は勧進に来ないというものであった。大坂の場合、垣外番株が実質上の勧進権であったが、仕切貰いが禁止され、あくまで市中の勧進は四ヶ所若き者たちに開かれる論理を有していた。この違いは、どこから生まれたのであろうか。

江戸では、勧進権はえた頭弾左衛門支配下の非人組織内で「場」として分割されていた。そこでは勧進そのものが権利化していたのである。大坂においても実質は同じであったが、勧進の名目では株化していなかった。ここに両者の違いが生まれる根拠があったのではなかろうか。大坂の四ヶ所札は、江戸の仕切札とほぼ同様の機能を持つものであったが、江戸の仕切札は、その町内を勧進場としている非人小屋頭が出すものだが、大坂の四ヶ所札は、その町内の垣外番株を所有する若き者が出すのではなく、四ヶ所として出すのであった。ここにも、垣外仲間において垣外番株が勧進権自体として権利化していないことから生ずる違いが見られたのである。

身分的周縁の視点

大坂の非人と非人集団の特質については、前章で概括的に述べた。ここでは、これまでの考察を踏まえて、歴史研究の視点や方法に関する二、三の論点を指摘してまとめにかえたい。

第一には、江戸や大坂の都市史研究において、巨大都市に普遍的な状況や〔共通する局面〕を抽出するとともに、歴史的に形成された各都市の社会構造と文化に規定された〔固有の局面〕にも留意すべきであろう。この点は、江戸の非人と比較して述べたことから明らかだと思うが、筆者の中では、最近《歴史社会の構造▲》という言葉で表現している問題とつながっている。

第二には、都市社会の中には多様な社会集団が併存していたが、〔集団間の

▼**歴史社会の構造**　筆者は「地域社会構造を政治社会レベルと生活世界（地域生活）レベルの統一として把握すべきこと、現実の歴史的世界はさまざまな歴史的蓄積を持つ諸社会の外延的併存と内包的併存によって存立しているが、これを《歴史社会の構造》と呼びたい」と考えている。この点については、拙稿「歴史学の方法をめぐる断想」（『市大日本史』2、のち拙著『身分論から歴史学を考える』校倉書房、所収）、「身分的周縁と歴史社会の構造」（『シリーズ近世の身分的周縁6身分を問い直す』吉川弘文館）参照。

▼**説教者の分岐**　拙稿「芸能者の社会的位置」（阪口弘之編『浄瑠璃の世界』世界思想社、のち拙著『近世身分制と周縁社会』東京大学出版会、所収）参照。

競合〉と〈異なる論理の交錯〉という点に留意すべきであろう。大坂においても、勧進を生業にする乞食坊主や非人集団などの多様な存在がいろいろな場面で併存・競合していた。本稿では十分に明らかにできなかったが、それらの全体構造を把握すべきであろう。また、集団間の複合関係を見る際、それぞれの集団の異なる論理が交錯していることを見るべきである。たとえば、垣外仲間の勧進の論理と町の出入関係の論理が交錯するところに現実の垣外番が存在していたように。

第三には、集団化の進展が同一の社会状態にあるものに分岐を生じさせること〈生ずる分岐〉があることに留意すべきであろう。かつて筆者は、近江・大津の関蝉丸《せきせみまる》神社の別当近松寺《ごんしょうじ》が諸国の説教者の組織化を図ったことにより、それまで同じ状況にあった者たちの間に〈正しき説教者〉と〈偽りの説教者〉の分岐▲が生じたことを指摘した。十八世紀半ばに、大坂の垣外仲間の者たちが、納屋下の非人こそが非人であり、自分たちの管轄下にあった新垣外の者の人別帳から非人の肩書を除いてほしいと出願していた。これは非人の存在形態の変容の結果であり、みずからを非人ではないという主張は、一見すると説教者の例とは逆のように思われるかもしれない。しかし、垣外仲間とその管轄下の境界がはっきりすることによって、その外側もはっきりするという本質的な点では共通なのである。

不十分ながら、大坂の非人の具体像にできるだけ肉迫したつもりであるが、これを通して、近世の身分制と都市社会の特質をいささかなりとも感じとってもらえれば幸いである。

〔追記〕　本書の内容を前提に、四天王寺との関係や転びキリシタンの問題についてさらに詳細に知りたい方は、拙著『大坂の非人——乞食・四天王寺・転びキリシタン』（ちくま新書）を参照していただきたい。

塚田孝『身分制社会と市民社会』柏書房, 1992年
塚田孝『近世の都市社会史 ── 大坂を中心に』青木書店, 1996年
塚田孝『近世身分制と周縁社会』東京大学出版会, 1997年
塚田孝『身分論から歴史学を考える』校倉書房, 2000年
塚田孝「近世大坂における非人集団の組織構造と御用」『年報都市史研究』8, 山川出版社, 2000年
塚田孝・吉田伸之編『近世大坂の都市空間と社会構造』山川出版社, 2001年
のびしょうじ「村方非人番の成立」『地域史研究』16－3, 尼崎市立地域研究史料館, 1987年
のびしょうじ「広域非人番制の展開と村々の抵抗(一・二)」『地域史研究』17－2・3, 尼崎市立地域研究史料館, 1988年
藤木喜一郎「大阪町奉行管下に於ける司法警察制度について」『創立七〇周年関西学院大学文学部記念論文集』1959年
藤田実「大坂の捕方手先と近代化 ── 奥田弁次郎と長堀橋筋署事件」『大阪の歴史』増刊号, 大阪市史編纂所, 1998年
松岡秀夫・横田久和「『非人番』研究ノート」西播地域皮多村文書研究会編『近世部落史の研究』上, 雄山閣, 1976年
峯岸賢太郎『近世被差別民史の研究』校倉書房, 1996年
吉田伸之「都市の近世」同編『日本の近世 9 都市の時代』中央公論社, 1992年
吉田伸之「江戸の願人と都市社会」塚田孝・吉田伸之・脇田修編『身分的周縁』部落問題研究所, 1994年
吉田伸之『近世都市社会の身分構造』東京大学出版会, 1998年
吉田伸之『巨大城下町江戸の分節構造』山川出版社, 1999年
吉田伸之「鞍馬寺大蔵院と大坂の願人仲間」脇田修・J.L.マクレイン編『近世の大坂』大阪大学出版会, 2000年

●── 図版所蔵・提供者一覧(敬称略, 五十音順)

大阪府立中之島図書館　　扉, p. 39, p. 49
大阪歴史博物館　　カバー表, p. 19
『訓蒙図彙集成13 人倫訓蒙図彙』(大空社, 1998年)　　p. 20, p. 75
国立国会図書館　　p. 59, p. 73下, p. 74
財団法人大阪人権博物館　　p. 73上, カバー裏
独立行政法人国立公文書館　　p. 24

●──参考文献

朝尾直弘『都市と近世社会を考える』朝日新聞社, 1995年

内田九州男「大阪の非人研究ノート」『大阪府の歴史』5, 1974年

内田九州男「近世非人論」『部落史の研究　前近代編』部落問題研究所, 1978年

内田九州男「江戸時代後期の非人の『公務』について」大阪歴史科学協議会『歴史科学』87, 1981年

内田九州男「大坂四ヶ所の組織と収入」大阪歴史学会『ヒストリア』115, 1987年

内田九州男「悲田院文書　解題」内田九州男・岡本良一編『悲田院文書』清文堂, 1987年

内田九州男「大坂四か所非人について ── 町抱え再論」『部落問題研究』123, 部落問題研究所, 1993年

岡本浩「近世後期における町と住人 ── 白髪町をめぐって」歴史科学協議会『歴史評論』547, 1995年

岡本良一・内田九州男編『道頓堀非人関係文書』下「解題」, 清文堂, 1976年

岡本良一『乱・一揆・非人』柏書房, 1983年

久留島浩・高埜利彦・塚田孝・横田冬彦・吉田伸之編『シリーズ近世の身分的周縁』全6巻, 吉川弘文館, 2000年

木下光生「近世大坂における墓所聖と葬送・諸死体処理」日本史研究会『日本史研究』435, 1998年

木下光生「大坂六ヶ所墓所聖の存立構造」大阪歴史学会『ヒストリア』168, 2000年

黒田俊雄『黒田俊雄著作集6 中世共同体論・身分制論』法藏館, 1995年

小西愛之助『近世部落史研究』関西大学出版部, 1982年

新修大阪市史編纂委員会編『新修大阪市史』3・4, 大阪市, 1989・1990年

菅原憲二「近世京都の非人 ── 与次郎をめぐって」日本史研究会『日本史研究』181, 1977年

菅原憲二「近世前期京都の非人 ── 悲田院年寄支配を中心に」『京都の部落問題1 前近代京都の部落史』部落問題研究所, 1987年

高橋勝幸「道頓堀の転切支丹」大阪府私立中学校・高等学校社会科研究会『社会科研究会誌』11, 1994年

塚田孝『近世日本身分制の研究』兵庫部落問題研究所, 1987年

日本史リブレット40
都市《とし》大坂《おおさか》と非人《ひにん》
2001年11月16日　1版1刷　発行
2023年7月31日　1版7刷　発行
著者：塚田《つかだ》 孝《たかし》
発行者：野澤武史
発行所：株式会社 山川出版社
〒101－0047　東京都千代田区内神田1－13－13
電話　03(3293)8131(営業)
　　　03(3293)8135(編集)
https://www.yamakawa.co.jp/
振替　00120-9-43993
印刷所：明和印刷株式会社
製本所：株式会社 ブロケード
装幀：菊地信義

Printed in Japan ISBN 978-4-634-54400-0

日本史リブレット　第Ⅰ期［68巻］・第Ⅱ期［33巻］　全101巻

1 旧石器時代の社会と文化
2 縄文の豊かさと限界
3 弥生の村
4 古墳とその時代
5 大王と地方豪族
6 藤原京の形成
7 古代都市平城京の世界
8 古代の地方官衙と社会
9 漢字文化の成り立ちと展開
10 平安京の暮らしと行政
11 蝦夷の地と古代国家
12 受領と地方社会
13 出雲国風土記と古代遺跡
14 東アジア世界と古代の日本
15 地下から出土した文字
16 古代・中世の女性と仏教
17 古代寺院の成立と展開
18 都市平泉の遺産
19 中世に国家はあったか
20 中世の家と性
21 武家の古都、鎌倉
22 中世の天皇観
23 環境歴史学とはなにか
24 武士と荘園支配
25 中世のみちと都市
26 戦国時代、村と町のかたち
27 破産者たちの中世
28 境界をまたぐ人びと
29 石造物が語る中世職能集団
30 中世の日記の世界
31 板碑と石塔の祈り
32 中世の神と仏
33 中世社会と現代
34 秀吉の朝鮮侵略
35 町屋と町並み
36 江戸幕府と朝廷
37 キリシタン禁制と民衆の宗教
38 慶安の触書は出されたか
39 近世村人のライフサイクル
40 都市大坂と非人
41 対馬からみた日朝関係
42 琉球の王権とグスク
43 琉球と日本・中国
44 描かれた近世都市
45 武家奉公人と労働社会
46 天文方と陰陽道
47 海の道、川の道
48 近世の三大改革
49 八州廻りと博徒
50 アイヌ民族の軌跡
51 錦絵を読む
52 草山の語る近世
53 21世紀の「江戸」
54 近代歌謡の軌跡
55 日本近代漫画の誕生
56 海を渡った日本人
57 近代日本とアイヌ社会
58 スポーツと政治
59 近代化の旗手、鉄道
60 情報化と国家・企業
61 民衆宗教と国家神道
62 日本社会保険の成立
63 歴史としての環境問題
64 近代日本の海外学術調査
65 戦争と知識人
66 現代日本と沖縄
67 新安保体制下の日米関係
68 戦後補償から考える日本とアジア
69 遺跡からみた古代の駅家
70 古代の日本と加耶
71 飛鳥の宮と寺
72 古代東国の石碑
73 律令制とはなにか
74 正倉院宝物の世界
75 日宋貿易と「硫黄の道」
76 荘園絵図が語る古代・中世
77 対馬と海峡の中世史
78 中世の書物と学問
79 史料としての猫絵
80 寺社と芸能の中世
81 一揆の世界と法
82 戦国時代の天皇
83 日本史のなかの戦国時代
84 兵と農の分離
85 江戸時代のお触れ
86 江戸時代の神社
87 大名屋敷と江戸遺跡
88 近世商人と市場
89 近世鉱山をささえた人びと
90 「資源繁殖の時代」と日本の漁業
91 江戸の浄瑠璃文化
92 江戸時代の老いと看取り
93 近世の淀川治水
94 日本民俗学の開拓者たち
95 軍用地と都市・民衆
96 感染症の近代史
97 陵墓と文化財の近代
98 徳富蘇峰と大日本言論報国会
99 労働力動員と強制連行
100 科学技術政策
101 占領・復興期の日米関係